# Muāgagana mo tamaiti
# *Proverbs for kids*

Tuiātaga Fa'afili A.L Fa'afili

'Ua a'oa'oina ai a'u 'ia 'ou iloa mā'ona, ma 'ou fia 'ai, 'ia faula'i mai mea, ma 'ia oge mea {*Filipi 4:12*}

*I have learned the secret of being content in any and every situation, whether well fed or hungry, whether living in plenty or in want* {Philippians 4:12}

Published by : **Samoa Press Ltd**

P.O.Box 75 720, Manurewa.
Auckland 2243
New Zealand
Telephone : (09) 263 8383
: 021 436 793
email : f.faafili@gmail.com

Cover Photo : Henry & Harper Fa'afili

ISBN : 13:978-1544998985

## First Edition

Copyright © 2017 **Tuiātaga Fa'afili A.L Fa'afili**

All rights reserved. This Book is copyright.

**Also by Tuiātaga Fa'afili A. L. Fa'afili**

Prayers for kids : *Tatalo mo tamaiti*

Proverbs for kids : *Muāgagana mo tamaiti*

In the Beginning was the **Word** : *Sa i le 'amataga le 'Upu* Vol.1

In the Beginning was the **Word** : *Sa i le 'amataga le 'Upu* Vol.2

*Copies available from* : Sāmoa Press Ltd
: amazon.com

<u>Proverbs for kids</u>

## ***DEDICATION***

*To my wife* : Tulipe Fa'afili

*To my children* : Shaolin Pearl, Henry 'A'au, Lisi Taumaia, Christina Tulipe, Fa'afili Thirstle, Fa'atonu Devontaye

*To my grandchildren* : Shylee, Christina, Henry, Carter, Harper, Dayleigh, Frazer, Beau

Fa'afetai mo talosaga.
*Thank you for your prayers.*

# FA'ASOLOGA
## *CONTENTS*

**'Upu Tomua**  1
*Introduction*

**'Upu si'i mai i le Tusi Pa'ia**  2 - 34
*Quotes from the Holy Bible*

**Muāgagana ma Alagā'upu Sāmoa**  35 -121
*Sāmoan Proverbial Expressions*

### Note from the Author

**Quotes from the Bible** are cross-referenced to the *Sāmoan Tusi Pa'ia* and the K.J.V English version of the *Holy Bible*.

**Sāmoan Proverbial Expressions** are cross-referenced to :
*In the Beginning was the Word : Sa i le 'amataga le 'Upu Vol.1*
*In the Beginning was the Word : Sa i le 'amataga le 'Upu Vol.2*.

I pray this little book will inspire you to read more of the ***Bible*** - Discover its mysterious power and wisdom. ***Tusi Pa'ia*** has been, and always will be the best source to learn ***Samoan written*** and ***oral literature.***
'Ia manuia!

# 'UPU TOMUA
# *INTRODUCTION*

## 'O le *aogā* ma le *'autū* o Fa'ata'oto ma Muāgagana :

'Ina 'ia iloa ai le poto ma 'ia a'oa'oina, 'ia lagona ai 'upu e atamai ai
'Ia maua ai le a'oa'oina, ma le fa'amasinoga, ma le āmio sa'o
'Ia 'avatu ai le fa'autauta i ē faigōfie, 'o le poto ma le māfaufau i le taule'ale'a
E fa'alogo mai le tagata poto, e tupu ai pea lona poto
'O lē 'ua māfaufau fo'i e maua e ia le poto e pule ai
E lagona ai le Fa'ata'oto ma lona fa'amatalaga, 'o 'upu a ē popoto ma ā lātou 'upu lilo.
'O le mata'u i le ALI'I, 'o le 'āmataga lea o le poto, 'ae 'ino'ino tagata vālelea i le poto ma le a'oa'oina.
Lo'u atali'i e, fa'alogo mai ia i le a'oa'o atu a lou tamā
'Aua fo'i e te tu'ulāfoa'iina le 'upu a lou tinā
'Auā e fai ia mea ma pale matagōfie i lou ulu, ma mea e 'asoa i lou ua
(*Fa'ata'oto 1:2-9*)

## The *Purpose* and *Theme* of Proverbs :

To know wisdom and instruction, to perceive the words of understanding
To receive the instruction of wisdom, justice, and judgment, and equity
To give subtilty to the simple, to the young man knowledge and discretion
A wise man will hear, and will increase learning
And a man of understanding shall attain unto wise counsels
To understand a Proverb, and the interpretation, the words of the wise, and their dark sayings
The fear of the LORD is the beginning of knowledge, but fools despise wisdom and instruction
My son, hear the instruction of thy father
And forsake not the law of thy mother
For they shall be an ornament of grace unto thy head
And chains about thy neck.
(**Proverbs 1:2-9**)

Muāgagana mo tamaiti

# 'UPU SI'I MAI I LE TUSI PA'IA
## *QUOTES FROM THE HOLY BIBLE*

1. 'Ae 'āfai e lē tausi e se tasi i lona 'āiga, 'āfai fo'i e lē sili ona tausi i ē mau ma ia, 'ua fa'afitia e ia le fa'atuatua, e sili fo'i lona leaga i lē 'ua lē fa'atuatua {*1Timoteo 5:8*}
*If anyone does not provide for his relatives, and especially for his immediate family, he has denied the faith and is worse than an unbeliever* {1Timothy 5:8}

2. Le Atua e, e fa'apei 'ona naunau o le 'aila i vaitafe, o lo'o fa'apea 'ona naunau o lo'u agāga 'iā te 'Oe {*Salāmo 42:1*}
*As the deer pants for streams of water, so my soul pants for You, O God* {Psalms 42:1}

3. A'oa'o ia i le tama e tusa ma lona ala, 'ā o'o ina toea'ina lava o ia, e lē te'a 'ese ai {*Fa'ata'oto 22:6*}
*Train a child in the way he should go, and when he is old he will not turn from it* {Proverbs 22:6}

4. 'O le mea o iai le tino, e aofaga iai 'āeto {*Luka 17:37*}
*Wheresoever the body is, thither will the eagles be gathered together* {St. Luke 17:37}

5. 'A 'o le aogā lenei o le poto 'ua maua, e ola ai ē 'ua iai {*Failāuga 7:12*}
*But the advantage of knowledge is this : that wisdom preserves the life of its possessor* {Ecclesiastes 7:12}

6. E faigōfie i le kāmela 'ona ui atu i le pū o le au, 'ae faigatā i le mau'oa 'ona sao i le Mālō o le Atua {*Māreko 10:25*}
*It is easier for a camel to go through the eye of a needle than for a rich man to enter the Kingdom of God* {St.Mark 10:25}

7. Na A'u iloa 'oe 'a'o le'i faia 'oe e A'u i le manava {*Ieremia 1:5*}
*Before I formed you in the womb I knew you* {Jeremiah 1:5}

8. 'Auā e va'ai tagata i le tino, 'ae va'ai le ALI'I i le loto
   *{1Samuelu 16:7}*
   **For man looketh on the outward appearance, but the LORD looketh on the heart** {1Samuel 16:7}

9. 'Ua lagona le leo i Rama, 'o le auega, 'o le fetāgisi, ma le tagitu'i tele… *{Mātaio 2:18}*
   ***A voice is heard in Ramah, weeping and great mourning…*** {St.Matthew 2:18}

10. 'Auā o lē lē 'au'ese 'iā te 'outou, e 'aufa'atasi lea ma 'outou *{Luka 9:50}*
    ***For whoever is not against you is for you*** {St.Luke 9:50}

11. 'Auā 'ā tā le lā'au, e fa'amoemoe iai e toe tupu, e lē aunoa fo'i ma ona tātupu *{Iopu 14:7}*
    ***At least there is hope for a tree. If it is cut down, it will sprout again, and its new shoots will not fail*** {Job 14:7}

12. 'O 'iā te i lātou Mose ma le 'au perofeta *{Luka 16:29}*
    ***They have Moses and the prophets*** {St.Luke 16:29}

13. 'Āfai e lē atiina a'e e le ALI'I le fale, e gālulue fua i lātou o ē atiina a'e *{Salāmo 127:1}*
    ***Unless the LORD builds the house, its builders labour in vain*** {Psalms 127:1}

14. Lo'u afafine e, o lou fa'atuatua 'ua 'ē mālōlō ai… *{Māreko 5:34}*
    ***Daughter, thy faith hath made thee whole…*** {St.Mark 5:34}

15. Le ALI'I e, 'ou te sā'ili'ili atu i Lau Afio *{Salāmo 27:8}*
    ***Thy Face, LORD, will I seek*** {Psalms 27:8}

16. E te 'ai fo'i au mea e 'ai ma le āfu o ou mata, se'ia e toe fo'i atu i le 'ele'ele *{Kenese 3:19}*
    ***In the sweat of thy face shalt thou eat bread, till thou return unto the ground*** {Genesis 3:19}

17. 'Auā o le efuefu 'oe, e te toe fo'i atu lava i le efuefu
{*Kenese 3:19*}
**For dust thou art, and unto dust shalt thou return**
{Genesis 3:19}

18. 'Amu'ia ē agamalū, 'auā e fai mo lātou tofi le nu'u
{*Mātaio 5:5*}
**Blessed are the meek, for they shall inherit the earth**
{St.Matthew 5:5}

19. 'Ai sē na te pō mai i lou 'ālāfau taumatau, 'ia e liliu atu 'iā te ia le isi {*Mātaio 5:39*}
**If someone strikes you on the right cheek, turn to him the other also** {St.Matthew 5:39}

20. 'Ia tātou taufetuli ma le 'onosa'i i le ala tanu o 'i ō tātou luma {*'Ēperu 12:1*}
**And let us run with perseverance the race marked out for us**
{Hebrews 12:1}

21. 'O le ALI'I, o lo'u Leoleo māmoe o Ia, e leai se mea 'ou te mativa ai {*Salāmo 23:1*}
**The LORD is my Shepherd, I shall not want** {Psalms 23:1}

22. E 'onosa'i le alofa, e agamalū, e lē losilosi le alofa, e lē mitamita vale le alofa, e lē fa'afefeteina {*1Korinito 13:4*}
**Love is patient, Love is kind. It does not envy, it does not boast, it is not proud** {1Corinthians 13:4}

23. 'Auā o le alofa tūnoa 'ua fa'aolaina ai 'outou i le fa'atuatua, e lē mai 'iā te 'outou fo'i lea, 'a'o le mea 'ua fōa'iina mai 'e le Atua. E lē 'ona o gāluega, 'ina ne'i mitamita se tasi {*Efeso 2:8-9*}
**For it is by grace you have been saved, through faith - and this is not from yourselves, it is the gift of God - not by works, so that no one can boast** {Ephesians 2:8-9}

24. 'Amu'ia ē ālolofa atu, 'auā e alofaina mai i lātou
{*Mātaio 5:7*}
**Blessed are the merciful, for they shall obtain mercy**
{St.Matthew 5:7}

25. E fai lua o 'ālope, e fai fo'i mea e momoe ai manu felelei, 'a'o le Atali'i o le tagata, e leai se mea e moe ai o Ia
{*Mātaio 8:20*}
**Jesus replied, Foxes have holes and birds of the air have nests, but the Son of Man has nowhere to lay His head**
{St.Matthew 8:20}

26. Na faia 'e le Atua le lagi ma le lalolagi i le 'āmataga
{*Kenese 1:1*}
**In the beginning God created the heaven and the earth**
{Genesis 1:1}

27. 'Ia sili 'ona leoleoina o lou loto i le leoleoina o mea 'uma, 'auā e tupu mai ai le āmio {*Fa'ata'oto 4:23*}
**Keep thy heart with all diligence, for out of it are the issues of life** {Proverbs 4:23}

28. 'O le āvā āmio lelei, o ai 'ea sē 'ua maua? E silisili lona tau i pēnina {*Fa'ata'oto 31:10*}
**A wife of noble character who can find? She is worth far more than rubies** {Proverbs 31:10}

29. E leai lava se tagata āmiotonu i le lalolagi, o lē na te faia āmio lelei, ma le lē agasala {*Failāuga 7:20*}
**There is not a righteous man on earth who does what is right and never sins** {Ecclesiastes 7:20}

30. 'Aua 'e te āmiotonu na'uā, 'aua fo'i e te fa'atele na'uā lou poto, Se ā le mea e oti ai 'oe 'iā te 'oe? {*Failāuga 7:16*}
**Do not be overrighteous, neither be overwise - Why destroy yourself?** {Ecclesiastes 7:16}

31. 'Auā e 'avegōfie La'u amo, o La'u 'āvega fo'i e māmā ia
{*Mātaio 11:30*}
**For my yoke is easy and my burden is light** {St.Matthew 11:30}

32. 'Ou te loto i le alofa, 'ae lē o le tāulaga {*Mātaio 12:7*}
**I desire mercy, not sacrifice** {St.Matthew 12:7}

33. 'Anafai 'ua tusa lo 'outou fa'atuatua ma le fua o le sinapi… {*Luka 17:6*}
**If you have faith as small as a mustard seed…** {St.Luke 17:6}

34. E tele mea e nonofo ai i le Maota o Lo'u Tamā, 'ana leai, pō 'ua 'Ou fai atu 'ia te 'outou, 'ou te alu e sāuni se mea e nonofo ai 'outou {*Ioane 14:2*}
**In My Father's house are many mansions : if it were not so, I would have told you. I go to prepare a place for you**
{St.John 14:2}

35. Pe 'ā 'outou 'anapopogi, 'aua ne'i 'outou mata fa'anoanoa {*Mātaio 6:16*}
**When you fast, do not look somber as the hypocrites do**
{St.Matthew 6:16}

36. 'Aua e te a'oa'i atu i se toea'ina, a 'ia apoapoa'i atu iai, peisea'ī se tamā... {*1Timoteo 5:1*}
**Rebuke not an elder, but entreat him as a father…**
{1Timothy 5:1}

37. 'Aua e te mitamita i le aso taeao, 'auā e te lē iloa se mea e tupu ā taeao {*Fa'ata'oto 27:1*}
**Boast not thyself of tomorrow, for thou knowest not what a day may bring forth** {Proverbs 27:1}

38. Lo'u atali'i e, lo'u atali'i Apisaloma e! Ta fia oti e sui ai 'oe Apisaloma lo'u atali'i e, lo'u atali'i e! {*2Samuelu 18:33*}
**My son, my son Absalom! If only I had died instead of you - O Absalom, my son, my son!** {2Samuel 18:33}

39. 'Auā 'ua sau le Atali'i o le tagata e sa'ili ma fa'aola i lē na lē iloa {*Luka 19:10*}
**For the Son of Man came to seek and to save what was lost**
{St.Luke 19:10}

40. 'Ia maua le poto, 'ia maua le atamai {*Fa'ata'oto 4:5*}
**Get wisdom, get understanding** {Proverbs 4:5}

41. 'O lenei, 'ia 'outou atamamai pei o gata, 'a 'ia fīfīlemū e pei o lupe {*Mātaio 10:16*}
**Be ye therefore wise as serpents, and harmless as doves** {St.Matthew 10:16}

42. 'O le Atua 'o le Agāga lava Ia, 'o ē tāpua'i 'iā te Ia, e tatau ona tāpua'i atu ai i le agāga ma le fa'amāoni {*Ioane 4:24*}
**GOD is a Spirit, and they that worship Him must worship Him in spirit and in truth** {St.John 4:24}

43. 'Auā fo'i o le Atali'i o le tagata na lē sau o Ia ina 'ia 'au'auna tagata 'iā te Ia, 'ae peita'i 'ia 'au'auna o Ia, ma fōa'iina atu Lona ola o le togiola mo tagata e to'atele {*Māreko 10:45*}
**For even the Son of Man did not come to be served, but to serve, and to give His life as a ransom for many** {St.Mark 10:45}

44. 'Aua ne'i 'e fai mō 'oe ni atua 'ese i O'u luma {*Teuteronome 5:7*}
**Thou shalt have none other gods before Me** {Deuteronomy 5:7}

45. 'Inā 'avatu ia o mea a Kaisara 'iā Kaisara, 'ia 'avatu fo'i mea a le Atua i le Atua {*Māreko 12:17*}
**Give to Caesar what is Caesar's and to God what is God's** {St.Mark 12:17}

46. 'Auā o lē 'ua iai mea, e 'avatua pea 'iā te ia, 'a'o lē 'ua leai ni āna mea, e 'ave'eseina le mea 'ua 'iā te ia {*Māreko 4:25*}
**Whoever has will be given more, whoever does not have, even what he has will be taken from him** {St.Mark 4:25}

47. Pe 'ā ole mai i se fuāmoa, e 'avatu 'ea 'iā te ia se 'akarava? {*Luka 11:12*}
**Or if he asks for an egg, will you give him a scorpion?** {St.Luke 11:12}

48. 'O lē na te 'elia se lua, e pa'ū o ia iai {*Fa'ata'oto 26:27*}
**Whoso diggeth a pit shall fall therein** {Proverbs 26:27}

49. Lo'u Atua e, Lo'u Atua e, se ā le mea 'ua 'Ē tu'ulāfoa'i mai ai A'u ? {Mātaio 27:46}
**My God, My God, why hast Thou forsaken me?** {St.Matthew 27:46}

50. 'O lea 'ā 'ē 'avatu ai ni mea alofa, 'aua ne'i 'ē ilia le pū i ou luma {*Mātaio 6:2*}
**So when you give to the needy, do not announce it with trumpets** {St.Matthew 6:2}

51. 'Āfai tou te ole atu i se mea i Lo'u igoa, 'Ou te faia lava {*Ioane 14:14*}
**If ye shall ask anything in My name, I will do it** {St.John 14:14}

52. E vave iloa le ita o le vale, 'a'o le tagata māfaufau, 'ua ufiufi e ia lona mā {*Fa'ata'oto 12:16*}
**A fool shows his annoyance at once, but a prudent man overlooks an insult** {Proverbs 12:16}

53. ...e fa'amanuia lē itiiti e lē sili {*'Ēperu 7:7*}
**...the lesser person is blessed by the greater** {Hebrews 7:7}

54. 'O o'u lava ivi 'oe ma o'u 'a'ano {*Kenese 29:14*}
**Surely thou art my bone and my flesh** {Genesis 29:14}

55. 'O Tusi Pa'ia 'uma lava e mai le Agāga o le Atua ia, e aogā fo'i e a'oa'o ai, e a'oa'i ai, e fa'atonu ai, e fa'apoto ai fo'i i le āmiotonu {*2Timoteo 3:16*}
**All Scripture is given by inspiration of God, and is profitable for doctrine, for reproof, for correction, for instruction in righteousness** {2Timothy 3:16}

56. 'O lē fia fai se fa'amasinoga ma 'oe e 'ave lou 'ofu tino, 'ia 'ē tu'u atu fo'i iai ma lou 'ofu tele {*Mātaio 5:40*}
**And if someone wants to sue you and take your tunic, let him have your cloak as well** {St.Matthew 5:40}

57. 'Auā se ā le aogā i le tagata, pe 'āfai na te maua le lalolagi 'uma, 'ae māumau lona ola? {*Māreko 8:36*}
**For what shall it profit a man, if he shall gain the whole world, and lose his own soul?** {St.Mark 8:36}

58. 'Auā o lo'u atali'i lenei, na oti, 'ua toe ola mai, na lē iloa fo'i o ia, 'a 'ua maua {*Luka 15:24*}
**For this son of mine was dead, and is alive again, he was lost and is found** {St.Luke 15:24}

59. 'Auā 'ai sē ole atu, e maua e ia, 'o lē sā'ili, e iloa e ia, 'o lē tu'itu'i, e tōina mai 'iā te ia {*Luka 11:10*}
**For everyone who asks receives, he who seeks finds, and to him who knocks, the door will be opened** {St.Luke 11:10}

60. 'O le ALI'I 'o lo'u Papa Ia, ma lo'u 'Olo, ma lo'u Fa'aola {*Salāmo 18:2*}
**The LORD is my Rock, my Fortress and my Deliverer** {Psalms 18:2}

61. 'O le 'oloa 'ua maua fa'ata'alise i le 'āmataga, e lē manuia lea i le gata'aga {*Fa'ata'oto 20:21*}
**An inheritance quickly gained at the beginning will not be blessed at the end** {Proverbs 20:21}

62. Pe fai atu 'ea le ōmea i lē na te gaosia, " 'O le ā 'ea 'e te faia?" pe fai atu, "lau gāluega, 'ua leai ni ona lima?" {*Isaia 45:9*}
**Shall the clay say to him that fashioneth it, "What makest thou?" Or "thy work, he hath no hands?"** {Isaiah 45:9}

63. 'Auā e leai sō tātou e ola mo ia lava, e lē oti fo'i se tasi mo ia lava {*Roma 14:7-9*}
**For none of us liveth to himself, and no man dieth to himself** {Romans 14:7-9}

64. 'Amu'ia ē 'ua oti, o ē 'ua oti o i le Ali'i... {*Fa'aaliga 14:13*}
**Blessed are the dead which die in the Lord...** {Revelation 14:13}

65. E alofa le uō i aso 'uma lava, 'ae fānau le uso mo le aso vale {*Fa'ata'oto 17:17*}
*A friend loves at all times, and a brother is born for adversity*
{Proverbs 17:17}

66. Tama fafine a Ierusalema e, e uliuli a'u, 'ae lālelei
    {*Le Pese a Solomona 1:5*}
*I am black, but comely, O ye daughters of Jerusalem*
{Song of Solomon 1:5}

67. 'Inā ulufale mai ia i le fiafia o lou ali'i {*Mātaio 25:21*}
*Come and share your master's happiness!* {St.Matthew 25:21}

68. E lē 'uma le alofa {*1Korinito 13:8*}
*Love never fails* {1Corinthians 13:8}

69. 'A'o leai lava se 'upu i lo'u gutu, fa'auta, le ALI'I e, 'ua 'Ē silafia 'uma lava {*Salāmo 139:4*}
*For there is not a word in my tongue, but, lo, O LORD, Thou knowest it altogether* {Psalms 139:4}

70. E lē utufia fo'i e se tasi le uaina fou i le fagu pa'u tuai
    {*Māreko 2:22*}
*And no one pours new wine into old wineskins* {St.Mark 2:22}

71. 'Ia 'ē fa'aeteete i ou vae pe 'ā 'ē alu i le Fale o le Atua
    {*Failāuga 5:1*}
*Guard your steps when you go to the House of God*
{Ecclesiastes 5:1}

72. 'Auā fa'apei ona oti 'uma 'iā 'Ātamu, e fa'apea fo'i ona fa'aolaina 'uma 'iā Keriso {*1Korinito 15:22*}
*For as in Adam all die, so in Christ all will be made alive*
{1Corinthians 15:22}

73. 'Ua sāunia le solofanua mo le aso o le taua, 'a'o le fa'aolataga, o lo'o i le ALI'I lea {*Fa'ata'oto 21:31*}
*The horse is made ready for the day of battle, but victory rests with the LORD* {Proverbs 21:31}

74. 'Inā fa'au'u 'iā te ia, 'auā o ia lava lenā {*1Samuelu 16:12*}
*Anoint him, for this is he* {1Samuel 16:12}

75. Ma 'ia saga fa'afetai {*Kolose 3:15*}
*And be ye thankful* {Colossians 3:15}

76. 'O le atali'i poto na te fa'afiafia lona tamā, 'a'o le tama valea e fa'anoanoa ai lona tinā {*Fa'ata'oto 10:1*}
*A wise son brings joy to his father, but a foolish son grief to his mother* {Proverbs 10:1}

77. 'Aua ne'i 'ē fa'afiti se mea lelei i ē 'ua tatau i ai, pe 'ā 'ua 'ē mafai 'ona faia {*Fa'ata'oto 3:27*}
*Withold not good from them to whom it is due, when it is in the power of thine hand to do it* {Proverbs 3:27}

78. 'Ou te fa'agalogalo i mea 'ua tuana'i, 'ou te momo'e pūnoua'i fo'i i mea o lumana'i {*Filipi 3:13*}
*But this one thing I do, forgetting those things which are behind, and reaching forth unto those things which are before* {Philippians 3:13}

79. 'Auā e lē manatua le tagata poto po'o le vale e fa'avavau, 'auā o mea 'ua iai nei e fa'agalogaloina 'uma lava i se aso {*Failāuga 2:16*}
*For the wise man, like the fool, will not be long remembered, In days to come both will be forgotten* {Ecclesiastes 2:16}

80. 'Ia fa'agesegese 'ona tautala atu, 'ia fa'agesegese 'ona ita {*Iākopo 1:19*}
*Let every man be slow to speak, slow to wrath* {James 1:19}

81. 'Ia 'ē fa'atuatua i le ALI'I ma lou loto 'ātoa, 'ae 'aua le fa'alagolago i lou lava atamai {*Fa'ata'oto 3:5*}
*Trust in the LORD with all your heart and lean not on your own understanding* {Proverbs 3:5}

82. E lē mafai e se tasi tagata ona fa'alata i le laulaufaiva {*Iākopo 3:8*}
*But the tongue can no man tame* {James 3:8}

83. Se ā le mea e te va'ai atu ai i si fāsi lā'au i le mata o lou uso, 'ae te lē iloa e 'oe le utupoto i lou lava mata
{*Mātaio 7:3*}
**Why do you look at the speck of sawdust in your brother's eye and pay no attention to the plank in your own eye?**
{St.Matthew 7:3}

84. 'Ua tala mai e le lagi le mamalu o le Atua, ua fa'aalia fo'i e le vā nimonimo le gāluega a Ona 'a'ao {*Salāmo 19:1*}
**The heavens declare the glory of God, the skies proclaim the work of His hands** {Psalms 19:1}

85. 'Āfai o mata 'uma le tino, pe fa'apēfea ona fa'alogo?
{*1Korinito 12:17*}
**If the whole body were an eye, where would the sense of hearing be?** {1Corinthians 12:17}

86. 'O 'outou le fānau, 'ia 'outou fa'alogo i ō 'outou mātua i le Ali'i, 'auā o le mea tonu lava lea {*Efeso 6:1*}
**Children, obey your parents in the Lord, for this is right**
{Ephesians 6:1}

87. 'Aua fo'i e te manatu i 'upu 'uma 'ua faia, ne'i e fa'alogo i lau 'au'auna o fetu'u 'iā te 'oe {*Failāuga 7:21*}
**Do not pay attention to every word people say, or you may hear your servant cursing you** {Ecclesiastes 7:21}

88. 'Ia 'ē fa'alologo i luma o le ALI'I, ma fa'amoemoe 'iā te Ia {*Salāmo 37:7*}
**Rest in the LORD, and wait patiently for Him** {Psalms 37:7}

89. 'O le tagata fa'alotolotolua, e fa'alētūmau ia i ona ala uma
{*Iākopo 1:8*}
**A double minded man is unstable in all his ways** {James 1:8}

90. 'Inā fa'alototetele ia {*Salāmo 31:24*}
**Be strong and take heart** {Psalms 31:24}

91. E muamua fo'i le fa'amaulalo i le vī'ia {*Fa'ata'oto 15:33*}
**...and before honour is humility** {Proverbs 15:33}

92. 'Auā e lelei ona ia fai atu 'ia te 'oe, "Sau ia i luga nei," 'ae leaga ona fa'amaulaloina 'oe i luma o le ali'i 'ua 'ē va'ai iai {*Fa'ata'oto 25:7*]
**It is better for him to say,"Come up here," than for him to humiliate you before a nobleman** {Proverbs 25:7}

93. 'Amu'ia ē fa'anoanoa, 'auā e fa'amāfanafanaina i lātou
{*Mātaio 5:4*}
**Blessed are those who mourn, for they will be comforted**
{St.Matthew 5:4}

94. 'O le Atua fo'i e Āna le fa'amāfanafanaga 'uma
{*2Korinito 1:3*}
**The Father of compassion and the God of all comfort**
{2Corinthians 1:3}

95. Le Ali'i e, e agaleaga mai fa'afia 'ea lo'u uso 'iā te a'u, ma 'ou fa'amāgalo 'iā te ia? Se'ia atu fitu 'ea? 'Ua fetalai atu Iesū 'iā te ia, "'Ou te lē fai atu 'ia te 'oe, se'ia atu fitu, 'a 'ia fitugafulu ni fitu." {*Mātaio 18:21-22*}
**Lord, how many times shall I forgive my brother when he sins against me? Up to seven times? Jesus answered, "I tell you, not seven times, but seventy, seven times."**
{St.Matthew 18:21-22}

96. 'Ou te mafaia mea uma lava 'ona o Ia 'ua fa'amālosi mai 'iā te a'u {*Filipi 4:13*}
**I can do all things through Christ which strengtheneth me**
{Philippians 4:13}

97. 'Ia fa'amanūina le Suafa o le ALI'I {*Iopu 1:21*}
**May the name of the LORD be praised** {Job 1:21}

98. 'Inā sulu ia lau pelu i lona fa'amoega {*Ioane 18:11*}
**Put up thy sword into the sheath** {St.John 18:11}

99. 'O lē na te fa'ateleina le iloa o mea, na te fa'ateleina le fa'anoanoa {*Failāuga 1:18*}
**The more knowledge, the more grief** {Ecclesiastes 1:18}

100. Na A'u fa'apa'iaina 'oe 'a'o le'i fānau mai 'oe...
{*Ieremia 1:5*}
**And before thou camest forth out of the womb I sanctified thee...** {Jeremiah 1:5}

101. 'Aua e te galue fa'apuapuagā 'ia mau'oa ai, tu'u ia o lou lava tāofi {*Fa'ata'oto 23:4*}
**Do not wear yourself out to get rich, have the wisdom to show restraint** {Proverbs 23:4}

102. E fa'asaga a'e o'u mata i mauga, e o'o mai ai lo'u fesoasoani. 'O lo'u fesoasoani mai le ALI'I lea, o Lē na faia le lagi 'ātoa ma le lalolagi {*Salāmo 121:1*}
**I will lift up mine eyes unto the hills, from whence cometh my help. My help cometh from the LORD, which made heaven and earth** {Psalms 121:1}

103. 'Ua fa'asuafaina o Ia, 'O le 'Upu a le Atua
{*Fa'aaliga 19:13*}
**And His name is the Word of God** {Revelation 19:13}

104. 'O ia fo'i lē fa'asūsū i nisi, e fa'asūsūina lava o ia
{*Fa'ata'oto 11:25*}
**He that watereth shall be watered also himself** {Proverbs 11:25}

105. 'O lenei, e lē o lē totō, e lē o lē fa'asūsū, 'ae peita'i 'o le Atua o Lē na te fa'atupuina {*1Korinito 3:6*}
**So neither he who plants nor he who waters is anything, but only God, who makes things grow** {1Corinthians 3:6}

106. E matuā fa'atauva'a, e matuā fa'atauva'a, e fa'atauva'a mea 'uma lava {*Failāuga 1:2*}
**Vanity of vanities, saith the Preacher, vanity of vanities, all is vanity** {Ecclesiastes 1:2}

107. 'Inā fa'atalitali atu ia i le ALI'I, 'inā loto tele ia, e fa'amālosia fo'i e Ia lou loto, 'Inā fa'atalitali lava ia i le ALI'I {*Salāmo 27:14*}
**Wait on the LORD, be of good courage, and He shall strengthen thine heart, wait, I say, on the LORD** {Psalms 27:14}

108. E fa'atamāo'āigaina le tagata matamau {*Fa'ata'oto 11:25*}
*A generous man will prosper* {Proverbs 11:25}

109. 'O lenei, o ē 'ua fa'atasia e le Atua, 'aua le fa'ate'a'ese'eseina e le tagata {*Māreko 10:9*}
*Therefore what God has joined together, let man not separate."* {St.Mark 10:9}

110. 'O le atali'i valea o le fa'atīgā loto lea i lona tamā, 'o le fa'a'ono'ono fo'i i lē na fānau mai o ia {*Fa'ata'oto 17:25*}
*A foolish son brings grief to his father and bitterness to the one who bore him* {Proverbs 17:25}

111. 'O ti'ākono fo'i, 'ia fa'apea 'ona fa'atoea'ina i lātou {*1Timoteo 3:8*}
*Deacons likewise, are to be men worthy of respect* {1Timothy 3:8}

112. E filifili i le loto o le tagata lona ala, 'a'o le ALI'I na te fa'atonuina le mea e ui ai o ia {*Fa'ata'oto 16:19*}
*A man's heart deviseth his way, but the LORD directeth his steps* {Proverbs 16:19}

113. 'Ā leai se fafie, e mate ai le afi, 'ā leai fo'i se fa'atuā'upua, e mavae ai le misa {*Fa'ata'oto 26:20*}
*Without wood a fire goes out, without gossip a quarrel dies down* {Proverbs 26:20}

114. 'Amu'ia ē fa'atupuina le fīlemū, 'auā e ta'ua i lātou o atali'i o le Atua {*Mātaio 5:9*}
*Blessed are the peacemakers, for they will be called the children of God* {St.Matthew 5:9}

115. 'O le aso lenei 'ua faia e le ALI'I, 'ia tātou 'oli'oli ma fiafia iai {*Salāmo 118:24*}
*This is the day the LORD has made, let us rejoice and be glad in it* {Psalms 118:24}

116. 'Ua a'oa'oina ai a'u 'ia 'ou iloa mā'ona, ma 'ou fia 'ai, ia faula'i mai mea, ma 'ia oge mea {*Filipi 4:12*}
**I have learned the secret of being content in any and every situation, whether well fed or hungry, whether living in plenty or in want** {Philippians 4:12}

117. 'Amu'ia le manava na fanau mai ai 'Oe, ma susu na 'Ē susu ai {*Luka 11:27*}
**Blessed is the womb that bare Thee, and the paps which Thou hast sucked** {St.Luke 11:27}

118. 'O le pale o toea'ina, o fānau a lātou fānau ia
{*Fa'ata'oto 17:6*}
**Children's children are the crown of old men** {Proverbs 17:6}

119. 'O le poloa'iga fou 'Ou te tu'u atu ai 'iā te 'outou, 'Ia 'outou fealofani {*Ioane 13:34*}
**A new command I give you : Love one another** {St.John 13:34}

120. Na mātou nonofo i 'auvai o vaitafe i Pāpelonia, na fetāgisi ai lava i mātou, 'ina 'ua mātou manatua Siona {*Salāmo 137:1*}
**By the rivers of Babylon, there we sat down, yea, we wept, when we remembered Zion** {Psalms 137:1}

121. 'Ua lē filifilia A'u e 'outou, 'a 'ua filifilia 'outou e A'u
   {*Ioane 15:16*}
**Ye have not chosen Me, but I have chosen you** {St.John 15:16}

122. 'O tausaga o mātou ōlaga e fitugafulu ia tausaga
{*Salāmo 90:10*}
**The length of our days is seventy years** {Psalms 90:10}

123. 'Ua maua fua e 'outou, 'ia 'outou fōa'ifuaina atu
{*Mātaio 10:8*}
**Freely you have received, freely give** {St.Matthew 10:8}

124. E sili le manuia o lē na te fōa'i atu, i lō lē na te talia mai
{*Gāluega 20:35*}
**It is more blessed to give than to receive** {The Acts 20:35}

125. E lē aogā le fōma'i i ē mālōlō, nā o ē mama'i
*{Māreko 2:17}*
**It is not the healthy that need a doctor, but the sick**
{St.Mark 2:17}

126. 'O ala 'uma o le tagata e tonu ia i lona lava manatu, 'a'o le ALI'I, na te fuatia loto *{Fa'ata'oto 21:2}*
**Every way of a man is right in his own eyes, but the LORD pondereth the hearts** {Proverbs 21:2}

127. 'O le fa'alogo e sili lea i le tāulaga, ma le usiusita'i, e sili lea i le ga'o o māmoe po'a *{1Samuelu 15:22}*
**To obey is better than sacrifice, and to heed is better than the fat of rams** {1Samuel 15:22}

128. 'Aua ne'i goto le lā o ita pea 'outou *{Efeso 4:26}*
**Do not let the sun go down while you are still angry**
{Ephesians 4:26}

129. E luai mai i le gutu e tasi le vivi'i ma le fetu'u
*{Iākopo 3:10}*
**Out of the same mouth proceedeth blessing and cursing**
{James 3:10}

130. 'O le sasa mo le solofanua, 'o le fa'agutu mo le 'āsini, ma le lā'au mo le tua o le vale *{Fa'ata'oto 26:3}*
**A whip for the horse, a bridle for the ass, and a rod for the fool's back** {Proverbs 26:3}

131. E lē laupopoto ē 'ua sili, e lē lausilafia fo'i le tonu e toea'ina *{Iopu 32:9}*
**Great men are not always wise, neither do the aged understand judgment** {Job 32:9}

132. 'Inā lafo ia lau mea e 'ai i luga o le vai, 'auā 'ā mavae aso e tele e te toe maua *{Failāuga 11:1}*
**Cast thy bread upon the waters, for thou shalt find it after many days** {Ecclesiastes 11:1}

133. E leai lava se poto, e leai se māfaufau, e leai se pule e tete'e atu i le ALI'I {*Fa'ata'oto 21:30*}
**There is no wisdom, nor understanding, nor counsel against the LORD** {Proverbs 21:30}

134. 'Aua le taui atu le leaga i le leaga i se tasi {*Roma 12:17*}
**Do not repay anyone evil for evil** {Romans 12:17}

135. 'Auā e leai lava se mea e tasi e lē mafaia e le Atua
{*Luka 1:37*}
**For nothing is impossible with God** {St.Luke 1:37}

136. 'O lenei, alu ia 'oe, o A'u fo'i 'Ou te fa'atasi ma lou gutu, 'Ou te a'oa'o atu fo'i 'iā te 'oe i 'upu e te tautala atu ai
{*Esoto 4:12*}
**Now go, I will help you speak and will teach you what to say** {Exodus 4:12}

137. 'O le aso lenei 'ua faia e le ALI'I, 'ia tātou 'oli'oli ma fiafia i ai {*Salāmo 118:24*}
**This is the day which the LORD hath made, we will rejoice and be glad in it** {Psalms 118:24}

138. 'Ua lē nofoia fo'i le nofoa o Tāvita {*1Samuelu 20:25*}
**And David's place was empty** {1Samuel 20:25}

139. 'O le mata'u i le ALI'I, 'o le 'āmataga o le poto lea, 'ia iloa fo'i Lē Pa'ia, 'o le atamai lava lea {*Fa'ata'oto 9:10*}
**The fear of the LORD is the beginning of wisdom, and knowledge of the Holy One is understanding** {Proverbs 9:10}

140. 'O le leo o le leo lea o Iākopo, 'a'o lima o lima ia o Esau
{*Kenese 27:22*}
**The voice is the voice of Jacob, but the hands are the hands of Esau** {Genesis 27:22}

141. 'O le ALI'I, o lo'u mālosi ma lo'u talitā o Ia {*Salāmo 28:7*}
**The LORD is my strength and my shield** {Psalms 28:7}

142. 'Ua mana'o iai le loto, 'a'o le tino 'ua vaivai
{*Māreko 14:38*}
**The spirit is willing, but the body is weak** {St.Mark 14:38}

143. 'Amu'ia ē loto mamā, 'auā lātou te iloa atu le Atua
{*Mātaio 5:8*}
**Blessed are the pure in heart, for they shall see God**
{St.Matthew 5:8}

144. E 'a'ai fa'atasi le luko ma le tama'i māmoe, e 'aina 'au o saito e le lēona e pei o le povi {*Isaia 65:25*}
**The wolf and the lamb will feed together, and the lion will eat straw like the ox** {Isaiah 65:25}

145. 'O lē na te 'ave'esea ma'a e tīgā ai o ia {*Failāuga 10:9*}
**Whoso removeth stones shall be hurt therewith**
{Ecclesiastes 10:9}

146. E ma'ama'ai le u'amea i le u'amea, e fa'apea fo'i ona fa'amāfanafana o le tagata i lana uō {*Fa'ata'oto 27:17*}
**As iron sharpens iron, so one man sharpens another**
{Proverbs 27:17}

147. 'O lē 'ua maua le āvā, 'ua maua e ia le mea lelei, 'ua maua fo'i e ia le alofa mai le ALI'I {*Fa'ata'oto 18:22*}
**He who finds a wife finds what is good and receives favour from the LORD** {Proverbs 18:22}

148. 'O iai lē tasi e fa'atagā mau'oa, 'ae leai lava sana mea, o iai lē fa'atagā mativa, 'ae tele ana 'oloa {*Fa'ata'oto 13:7*}
**One man pretends to be rich, yet has nothing, another pretends to be poor, yet has great wealth** {Proverbs 13:7}

149. Mauga o Kilepoa e, 'aua ne'i iai se sau, 'aua ne'i iai se ua 'iā te 'outou, po'o fanua e tupu ai tāulaga {*2Samuelu 1:21*}
**O mountains of Gilboa, may you have neither dew nor rain, nor fields that yield offerings of grain** {2Samuel 1:21}

150. 'Auē! 'ua māliliu toa, 'ua māumau ai 'au'upega o le taua *{2Samuelu 1:27}*
**How the mighty have fallen! The weapons of war have perished!** {2Samuel 1:27}

151. 'Ou te tu'uina atu A'u tulāfono i o lātou māfaufau, ma 'Ou tūsia i o lātou loto *{Eperu 8:10}*
**I will put My laws in their minds and write them on their hearts** {Hebrews 8:10}

152. E fa'afeao le māfaufau 'iā te 'oe, e leoleo 'iā te 'oe le fa'autauta *{Fa'ata'oto 2:11}*
**Discretion will protect you, and understanding will guard you** {Proverbs 2:11}

153. E magumagu le mutia, e to'ulu le fuga, 'a'o le Afioga a lo tātou Atua, e tūmau lea e fa'avavau *{Isaia 40:8}*
**The grass withers and the flowers fall, but the Word of our God stands forever** {Isaiah 40:8}

154. 'Ua fetalai mai le Atua, Ia mālamalama, 'ona mālamalama ai lea *{Kenese 1:3}*
**And God said, Let there be light, and there was light** {Genesis 1:3}

155. 'O 'outou, o le mālamalama o le lalolagi 'outou *{Mātaio 5:14}*
**Ye are the light of the world** {St.Matthew 5:14}

156. 'Ia mālie fo'i 'iā te 'Oe 'upu a lo'u gutu, ma māfaufauga o lo'u loto, le ALI'I e, lo'u Papa ma Lē na te togiolaina a'u *{Salāmo 19:14}*
**May the words of my mouth and the meditation of my heart be pleasing in Your sight, O LORD, my Rock and my Redeemer** {Psalms 19:14}

157. 'Ia i le Atua e to'atasi, o lo tātou Fa'aola, e ala 'iā Iesū Keriso lo tātou Ali'i, le vī'iga ma le mamalu, o le mālosi ma le pule, i le 'āmataga, i nei ona pō, ma 'ia o'o i le fa'avavau lava. 'Āmene {*Iuta 1:25*}
**To the only God our Saviour, be glory, majesty, power and authority, through Jesus Christ our LORD, before all ages, now and for evermore! Amen!** {Jude 1:25}

158. 'Auā 'o O'u manatu e lē 'o 'outou manatu, 'o O'u ala e lē 'o 'outou ala, 'ua fetalai mai ai le ALI'I {*Isaia 55:8-9*}
**For My thoughts are not your thoughts, neither are your ways My ways, saith the LORD** {Isaiah 55:8-9}

159. 'O lenei, 'ia 'e manatua Lē na faia 'oe i ona pō o lou taule'ale'a {*Failāuga 12:1*}
**Remember now thy Creator in the days of your youth** {Ecclesiastes 12:1}

160. 'Ia 'ē tu'uina atu i le ALI'I o au gāluega, 'ona fa'amauina ai lea o ou mānatunatuga {*Fa'ata'oto 16:3*}
**Commit to the LORD whatever you do, and your plans will succeed** {Proverbs 16:3}

161. Na 'ou sau lē lavalavā mai le manava o lo'u tinā, 'o le 'ā 'ou fo'i atu iai 'ua lē lavalavā, na fōa'iina mai e le ALI'I, 'ua 'ave'eseina fo'i e le ALI'I, 'ia fa'amanūina le suafa o le ALI'I {*Iopu 1:21*}
**Naked I came from my mother's womb, and naked I shall depart. The LORD gave and the LORD has taken away, blessed be the name of the LORD** {Job 1:21}

162. 'Auā o lo'u ola 'ua 'iā Keriso lea, 'a'o lo'u oti, o lo'u manuia lea { *Filipi 1:21*}
**For to me, to live is Christ and to die is gain** {Philippians 1:21}

163. 'Ou te tu'uina atu 'iā te 'outou le manuia, o Lo'u manuia 'Ou te 'avatu ai 'iā te 'outou {*Ioane 14:27*}
**Peace I leave with you, my peace I give unto you** {St.John 14:27}

164. 'Ia 'outou va'ava'ai i manu felelei, lātou te lē lūlū saito *{Mātaio 6:26}*
**Look at the birds of the air, they do not sow** {St.Matthew 6:26}

165. Se ā 'ea le mea 'ua 'Ē fai ai a'u ma manulautī 'iā te 'Oe, 'ua fai ai a'u ma 'āvega 'iā te a'u? *{Iopu 7:20}*
**Why hast Thou set me as a mark against Thee, so that I am a burden to myself?** {Job 7:20}

166. E maua 'outou e le puapuagā i le lalolagi, 'a 'ia 'outou loto tetele, 'ua 'Ou mānumālō i le lalolagi *{Ioane 16:33}*
**In this world you will have trouble. But take heart! I have overcome the world** {St.John 16:33}

167. 'O 'outou, o le māsima o le lalolagi 'outou, 'ae 'āfai e māgalo le māsima, pe se ā se mea e fa'amāi a'i? *{Mātaio 5:13}*
**You are the salt of the earth. But if the salt loses its saltiness, how can it be made salty again?** {St.Matthew 5:13}

168. E lē malie mata e va'ai *{Failāuga 1:8}*
**The eye never has enough of seeing** {Ecclesiastes 1:8}

169. 'Āfai e lē leoleo e le ALI'I le 'a'ai, e mataala fua o lē na te leoleoina *{Salāmo 127:1}*
**Unless the LORD watches over the city, the watchmen stand guard in vain** {Psalms 127:1}

170. 'O le mata'u i le ALI'I, 'o le 'āmataga lea o le poto *{Salāmo 111:10}*
**The fear of the LORD is the beginning of wisdom** {Psalms 111:10}

171. Le ALI'I e, 'āfai e te mātaulia lē āmio leaga, le ALI'I e, o ai sē na te mafaia 'ona tūla'i? *{Salāmo 130:3}*
**If You, O LORD, kept a record of sins, O LORD, who could stand?** {Psalms 130:3}

172.'Auē! le loloto o le tamāo'āiga o le Poto 'ātoa ma le Silafaga a le Atua. E lē masu'esu'eina Āna fa'amasinoga, e lē mafai fo'i ona iloa Ona ala {*Roma 11:33*}
*O the depth of the riches both of the Wisdom and Knowledge of God! How unsearchable are His judgments and His ways past finding out!* {Romans 11:33}

173.'O lē na te mānatunatu i le matagi e lē lūlū saito e ia {*Failāuga 11:4*}
*He that observeth the wind shall not sow* {Ecclesiastes 11:4}

174. Se'i toe itiiti sina moe, toe itiiti se matamoe, toe itiiti se pi'ilima e ta'oto ai {*Fa'ata'oto 24:33*}
*Yet a little sleep, a little slumber, a little folding of the hands to sleep* {Proverbs 24:33}

175.'Ia aunoa ā 'outou āmio ma le matape'ape'a, 'ia gata ia o 'outou mana'o i mea 'ua 'iā te 'outou {*Eperu 13:15*}
*Let your conversation be without covetousness, and be content with such things as ye have* {Hebrews 13:15}

176. O'u uso e, e mafai 'ea i le mati ona fua mai ai o le 'ōlive, po'o le vine e fua mai ai le mati? {*Iākopo 3:12*}
*Can the fig tree, my brethren, bear olive berries? either a vine, figs?* {James 3:12}

177.'Ua 'ou iloa le mativa, 'ua 'ou iloa fo'i le mau'oa {*Filipi 4:12*}
*I know what it is to be in need, and I know what it is to have plenty* {Philippians 4:12}

178. 'Amu'ia ē mātitiva i le agāga, 'auā e o lātou le mālō o le lagi {*Mātaio 5:3*}
*Blessed are the poor in spirit, for theirs is the Kingdom of Heaven* {St.Matthew 5:3}

Muāgagana mo tamaiti

179. 'Ā 'ē 'avatu ni mea alofa, 'aua ne'i iloa e lou lima tauagavale le mea 'ua faia e lou lima taumatau, 'ina 'ia lilo au mea alofa {*Mātaio 6:3*}
**But when thou doest alms, let not thy left hand know what thy right hand doeth, that thine alms may be in secret** {St.Matthew 6:3}

180. E lē sili 'ea le ola i le mea e 'ai, ma le tino i le 'ofu {*Mātaio 6:25*}
**Is not life more important than food, and the body more important than clothes?** {St.Matthew 6:25}

181. E te faia e 'oe mea e sili, ma 'ē mālō pea lava {*1Samuelu 26:25*}
**You will do great things and surely triumph** {1Samuel 26:25}

182. 'Ua tātou talia mea lelei mai le Atua, 'ae tātou te lē talia 'ea ma mea leaga? {*Iopu 2:10*}
**What? Shall we receive good at the hand of God, and shall we not receive evil?** {Job 2:10}

183. E sili si fāsi mea e 'ai 'ua magumagu, 'a'o iai le filēmū, 'ae leaga le fale 'ua tumu i manu 'ua fasia, 'a'o iai le misa {*Fa'ata'oto 17:1*}
**Better a dry crust with peace and quiet, than a house full of feasting, with strife** {Proverbs 17:1}

184. 'O le poto o le mea sili lea, 'ia maua le poto, o mea 'uma e te maua, 'ia maua mai ai le atamai {*Fa'ata'oto 4:7*}
**Wisdom is supreme, therefore get wisdom. Though it cost all you have, get understanding** {Proverbs 4:7}

185. 'O le nu'u lea o lo'o tafe ai le suāsusu ma le meli {*Esoto 33:3*}
**Unto a land flowing with milk and honey** {Exodus 33:3}

186. 'O le mea lea na fa'aigoa ai lona igoa o Kāleta ma Mēsepa, 'auā na fa'apea āna, Ia silasila mai le ALI'I 'iā te i tā'ua, pe 'ā tā te'a 'ese'ese o 'oe ma a'u *{Kenese 31:49-50}*
**Therefore was the name of it called Galeed, and Mizpah, for he said, The LORD watch between me and theee, when we are absent one from another** {Genesis 31:49-50}

187. E fai lou nu'u mō'u nu'u, e fai lou Atua mō'u Atua
*{Ruta 1:16}*
**Thy people shall be my people, and thy God my God**
{Ruth 1:16}

188. 'O mata, o le mōlī lea o le tino *{Luka 11:34}*
**Your eye is the lamp of your body** {St.Luke 11:34}

189. 'O le 'upu ua fai fa'atatauina, o moli 'auro ia i 'ato 'ārio tōgitogi fa'amamanuina *{Fa'ata'oto 25:11}*
**A word fitly spoken is like apples of gold in pictures of silver**
{Proverbs 25:11}

190. 'A 'ia 'outou mua'i sā'ili Lona Mālō ma Lana āmiotonu, 'ona fa'aopoopoina atu lea o ia mea 'uma 'iā te 'outou
*{Mātaio 6:33}*
**But seek ye first the Kingdom of God, and His Righteousness, and all these things shall be added unto you**
{St.Matthew 6:33}

191. 'Ia faia mea 'uma lava ma le lē muimui ma le lē fefīnaua'i
*{Filipi 2:14}*
**Do everything without complaining or arguing**
{Philippians 2:14}

192. Fa'auta, 'o le mea e matuā lelei ma le matagōfie lava, pe 'ā nonofo fa'atasi lava o uso *{Salāmo 133:1}*
**Behold, how good and how pleasant it is for brethren to dwell together in unity!** {Psalms 133:1}

193. Le paiē e, 'inā 'ē alu i le loi, 'ia va'ava'ai i lana āmio, 'ina 'ia poto ai 'oe *{Fa'ata'oto 6:6}*
**Go to the ant, you sluggard, consider its ways and be wise**
{Proverbs 6:6}

194. Ierusalema e, 'āfai e galo 'oe 'iā te a'u, 'ia galo lava i lo'u lima taumatau ; 'āfai 'ou te lē manatua 'oe, 'ia pipi'i a'e lo'u laulaufaiva i lo'u gutu ... {*Salāmo 137:5-6*}
**If I forget thee, O Jerusalem, let my right hand forget her cunning ; If I do not remember thee, let my tongue cleave to the roof of my mouth, if I prefer not Jerusalem above my chief joy** {Psalms 137:5-6}

195. E feālualua'i le puipui i ona fa'amau, e fa'apea le paiē ona feliuliua'i i lona moega {*Fa'ata'oto 26:14*}
**As a door turns on its hinges, so a sluggard turns on his bed** {Proverbs 26:14}

196. Fa'auta, 'Ou te tū atu i le puipui ma tu'itu'i atu ; 'ai sē tasi e fa'alogo mai i Lo'u leo, ma tatala mai le puipui, 'Ou te ulufale atu 'iā te ia, ma te tālisua fo'i ma ia, o ia fo'i ma a'u {*Fa'aaliga 3:20*}
**Behold, I stand at the door, and knock : if any man hear My voice, and open the door, I will come in to him, and will sup with him, and he with Me** {Revelation 3:20}

197. 'Ia 'ē mata'u i le ALI'I, 'ia 'alo 'ese i le leaga. E fai lea ma mea e mālosi ai lou pute, ma mea e sū ai ou ivi {*Fa'ata'oto 3:7-8*}
**Fear the LORD, and depart from evil. It shall be health to thy navel, and marrow to thy bones** {Proverbs 3:7-8}

198. 'Ia 'outou ole atu, 'ona fōa'iina mai ai lea 'iā te 'outou, 'ia 'outou sā'ili, 'ona 'outou maua ai lea, 'ia 'outou tu'itu'i atu, 'ona tōina ai lea 'iā te 'outou {*Mataio 7:7*}
**Ask and it will be given to you, Seek and you will find, Knock and the door will be opened to you** {St.Matthew 7:7}

199. 'O ē sā'ili'ili mai fo'i 'iā te A'u, lātou te maua A'u {*Fa'ata'oto 8:17*}
**And those who seek Me, find Me** {Proverbs 8:17}

200. 'Amu'ia ē sāuāina 'ona o le āmiotonu, 'auā e o lātou le mālō o le lagi {*Mātaio 5:10*}
*Blessed are they which are persecuted because of righteousness, for theirs is the Kingdom of Heaven* {St.Matthew 5:10}

201. 'Ai se tagata 'ua tu'ua e ia le fale, po'o le āvā, po'o uso, po'o mātua, po'o le fānau, 'ona o le Mālō o le Atua, e maua e ia o mea sāutualasi i nei ona pō, 'o le ola fa'avavau fo'i i le ōlaga atalī {*Luka 18:29*}
*No one who has left home or wife or brothers or parents or children for the sake of the Kingdom of God will fail to receive many times as much in this age and, in the age to come, eternal life* {St.Luke 18:29}

202. 'Ua faia le Sāpati mo tagata, 'a 'ua lē faia tagata mo le Sāpati {*Māreko 2:27-28*}
*The Sabbath was made for man, not man for the Sabbath* {St.Mark 2:27-28}

203. 'Ia seāseā ona 'ē alu atu i le fale o lē lua te tuā'oi, ne'i musu o ia 'iā te 'oe, ma 'ino'ino 'iā te 'oe {*Fa'ata'oto 25:17*}
*Seldom set foot in your neighbour's house – too much of you, and he will hate you* {Proverbs 25:17}

204. 'Auā pe 'ā fai se māvaega, se'i iloga e oti lē āna le māvaega, ona o'o ai lea {*Eperu 9:16*}
*For where a testament is, there must also of necessity be the death of the testator* {Hebrews 9:16}

205. 'Aua le 'aina ni toto e sō 'outou, 'aua le 'aina fo'i le toto e se tagata 'ese e āumau 'iā te 'outou {*Levitiko 17:12*}
*No soul of you shall eat blood, neither shall any stranger that sojourneth among you eat blood* {Leviticus 17:12}

206. 'O lo'o soifua le ALI'I, 'ia fa'afetaia fo'i lo'u Papa {*Salāmo 18:46*}
*The LORD lives! Praise be to my Rock!* {Psalms 18:46}

207. 'O le agasala o le solitulāfono lava lea {1Ioane 3:4}
*Sin is lawlessness* {1John 3:4}

208. E sili 'ona lelei o le ta'uleleia i le suāu'u lelei {*Failāuga 7:1*}
*A good name is better than precious ointment* {Ecclesiastes 7:1}

209. ...'o le su'esu'ega fo'i o lo lātou mamalu, o le mea e mafatia ai lea {*Fa'ata'oto 25:27*}
*...so for men to search their own glory is not glory* {Proverbs 25:27}

210. 'O Lau Afioga 'o le Sulu lea i o'u vae, ma le Mālamalama i lo'u ala {*Salāmo 119:105*}
*Thy Word is a Lamp unto my feet, and a Light unto my path* {Psalms 119:105}

211. 'Āfai 'ou te tautala i gagana a tagata 'ātoa ma 'āgelu, 'ae leai so'u alofa, 'ua 'avea a'u ma 'apa memea ta'alili, po'o se sumepalo tagitagi {*1Korinito 13:1*}
*If I speak in the tongues of men and of angels, but have not love, I am only a resounding gong or a clanging cymbal* {1Corinthians 13:1}

212. Tā ē, tā te nonofo pea ma 'oe, o a'u mea 'uma fo'i, o āu ia {*Luka 15:31*}
*Son, thou art ever with me, and all that I have is thine* {St.Luke 15:31}

213. 'O lenei, 'aua tou te popole i le aso ā taeao {*Mātaio 6:34*}
*Therefore do not worry about tomorrow* {St.Matthew 6:34}

214. 'Āfai fo'i e ta'ita'iina le tāuaso e le tāuaso, 'ona lā pā'ū'ū 'uma ai lea i le lua {*Mātaio 15:14*}
*If a blind man leads a blind man, both will fall into a pit* {St.Matthew 15:14}

215. 'Ua 'ou tau le taua lelei, 'ua i'u 'iā te a'u le tausinioga, 'ua 'ou tāofi i le fa'atuatua {*2Timoteo 4:7*}
*I have fought the good fight, I have finished the race, I have kept the faith* {2Timothy 4:7}

216. E mafai 'ea le tāuaso ona ta'ita'i i le tāuaso? {*Luka 6:39*}
**Can the blind lead the blind?** {St.Luke 6:39}

217. Le 'au pele e, 'aua le taui atu ma sui {*Roma 12:19*}
**Do not take revenge, my friends** {Romans 12:19}

218. E lelei lē 'ua ta'ufa'atauva'aina, 'ae fai lona tautua, 'ae leaga lē na te vivi'i o ia 'iā te ia, 'ae fia 'ai {*Fa'ata'oto 12:9*}
**Better to be a nobody and yet have a servant than pretend to be somebody and have no food** {Proverbs 12:9}

219. Lo'u atali'i e, e 'aumai e le Atua se tama'i māmoe Māna e fai a'i le tāulaga mū {*Kenese 22:8*}
**My son, God will provide Himself a lamb for a burnt offering** {Genesis 22:8}

220. Le taule'ale'a e, 'inā 'oli'oli ia i lou tamaitiiti, 'ia fiafia fo'i lou loto i aso o lou taule'ale'a {*Failāuga 11:9*}
**Rejoice O young man, in thy youth, and let thy heart cheer thee in the days of thy youth** {Ecclesiastes 11:9}

221. 'Ua taunu'u {*Ioane 19:30*}
**It is finished** {St.John 19:30}

222. 'O le mea ma lona tausaga i mea 'uma, ma ona lava pō i mea 'uma lava i lalo o le lagi {*Failāuga 3:1*}
**To every thing there is a season, and a time to every purpose under the heaven** {Ecclesiastes 3:1}

223. 'Ā pa'ū lē ua ita 'iā te 'oe, 'aua e te fiafia iai, 'ā tausuai fo'i o ia, 'aua le 'oli'oli ai lou loto {*Fa'ata'oto 24:17*}
**Rejoice not when thine enemy falleth, and let not thine heart be glad when he stumbles** {Proverbs 24:17}

224. 'O sē fia muamua fo'i 'iā te 'outou, 'ia fai o ia ma tautua a 'outou 'uma {*Māreko 10:44*}
**And whosoever of you will be the chiefest, shall be servant of all** {St.Mark 10:44}

225. 'Auā o A'u o le Atua, 'ae lē se tagata {*Hōsea 11:9*}
**For I am God, and not man** {Hosea 11:9}

226. 'Auā e ui lava ina tauāu ina 'uma lo mātou tagata i fafo, 'ua fa'afouina lē i totonu i lea aso ma lea aso {*2Korinito 4:16*}
**But though our outward man perish, yet the inward man is renewed day by day** {2Corinthians 4:16}

227. 'Amu'ia ē fia 'a'ai ma fia inu i le āmiotonu, 'auā e mā'o'ona i lātou {*Mātaio 5:6*}
**Blessed are those who hunger and thirst for righteousness, for they will be filled** {St.Matthew 5:6}

228. E 'au'auna fo'i lē nō mea i lē 'ua 'aumai ai ana mea {*Fa'ata'oto 22:7*}
**And the borrower is servant to the lender** {Proverbs 22:7}

229. 'Auē! E oti le tagata poto e pei o le vale {*Failāuga 2:16*}
**Like the fool, the wise man too must die** {Ecclesiastes 2:16}

230. 'O le tali fīlemū e liliu'eseina ai le ita, 'a'o le 'upu fa'atīgā e tupu ai le ita {*Fa'ata'oto 15:1*}
**A soft answer turneth away wrath, but grievous words stir up anger** {Proverbs 15:1}

231. E lē tūtumu fo'i taliga i fa'alogo {*Failāuga 1:8*}
**The ear is never filled with hearing** {Ecclesiastes 1:8}

232. 'O A'u nei le Ala, ma le 'Upu moni, ma le Ola, e lē alu atu lava se tasi i le Tamā, pe 'ā lē ui mai 'iā te A'u {*Ioane 14:6*}
**I am the Way and the Truth and the Life. No one comes to the Father except through me** {St.John 14:6}

233. Fa'auta i le Tama'i Māmoe a le Atua, na te 'ave'esea le agasala a le lalolagi {*Ioane 1:29*}
**Look, the Lamb of God, who takes away the sin of the world** {St.John 1:29}

234. 'Inā tu'u mai ia o tamaiti e ō mai 'iā te A'u {*Luka 18:16*}
**Let the children come to Me** {St.Luke 18:16}

235. 'Aua fo'i ne'i tā tatau 'iā te 'outou *{Levitiko 19:29}*
*Do not cut your bodies for the dead or put tattoo marks on yourselves* {Leviticus 19:29}

236. 'O mea 'uma lava tou te ole mai ai 'iā 'outou tatalo, 'inā fa'atuatua ia o le 'ā maua e 'outou, 'ona faia lava lea mo 'outou *{Māreko 11:24}*
*What things soever ye desire, when ye pray, believe that ye receive them, and ye shall have them* {St.Mark 11:24}

237. 'Ua aogā tele le tatalo fa'atauānau a le tagata āmiotonu *{Iākopo 5:16}*
*The effectual fervent prayer of a righteous man availeth much* {James 5:16}

238. 'Auā e lē pei o lo tātou Papa lo lātou papa *{Teuteronome 32:31}*
*For their rock is not like our Rock* {Deuteronomy 32:31}

239. E telegese Lona to'asā, 'ua tele fo'i Lona alofa *{Ioelu 2:13}*
*Slow to anger and abounding in love* {Joel 2:13}

240. 'A'o lenei, e lasi itū tino, 'ae tasi lava le tino ia. E lē mafai fo'i i le mata 'ona fai ane i le lima, "E leai sou aogā 'iā te a'u", e lē mafai fo'i i le ulu 'ona fai ifo i vae, "Lua te lē aogā ia te a'u" *{1Korinito 12:20}*
*But now are they many members, yet but one body. And the eye cannot say unto the hand, "I have no need of thee", nor again the head to the feet, "I have no need of you."* {1Corinthians 12:20}

241. 'Auā o i le toto le ola o le tino *{Levitiko 17:11}*
*For the life of the flesh is in the blood* {Leviticus 17:11}

242. 'Ua fasia e Saulo ana to'aafe, 'a'o Tāvita ana sefulu o afe *{1Samuelu 18:7}*
*Saul hath slain his thousands, and David his ten thousands* {1Samuel 18:7}

243. 'Ou te lē fai atu 'ona o le mativa, 'auā 'ua a'oa'oina a'u ia to'a fīlēmū lo'u loto i mea ua 'iā te a'u {*Filipi 4:11*}
**Not that I speak in respect of want, for I have learned, in whatsoever state I am, therewith to be content**
{Philippians 4:11}

244. E moni, e moni, 'Ou te fai atu 'iā te 'oe, 'ua 'ē fusi 'oe 'ina o 'ē taule'ale'a, ma e feālua'i i mea na e loto iai, 'ae pe 'ā e toea'ina, e te fa'aloalo ou lima, e fusifusi fo'i 'iā te 'oe e se tasi, e 'ave fo'i 'oe i le mea e te lē loto iai {*Ioane 21:18*}
**Verily, verily, I say unto thee, When thou wast young, thou girdest thyself, and walkedst whither thou wouldest : but when thou shalt be old, thou shalt stretch forth thy hands, and another shall gird thee, and carry thee whither thou wouldest not."** {St.John 21:18}

245. 'O A'u nei o le Toe tū ma le Ola, 'o lē fa'atuatua mai 'iā te A'u, e ui lava ina oti, 'ae ola lava ia {*Ioane 11:25*}
**Jesus said, "I am the Resurrection, and the Life : he that believeth in Me, though he were dead, yet shall he live**
{St.John 11:25}

246. Fa'auta, o le fānau, o le tofi lea mai le ALI'I
{*Salāmo 127:3*}
**Lo, children are an heritage of the LORD** {Psalms 127:3}

247. 'Ia tofotofo i mea 'uma lava, 'ia tāofi mau i le mea lelei
{*1Tesālonia 5:21*}
**Test everything, Hold on to the good** {1Thessalonians 5:21}

248. 'Ou te i totonu o Lo'u Tamā, o 'outou fo'i o i totonu 'iā te A'u, o A'u fo'i o i totonu 'iā te 'outou {*Ioane 14:20*}
**I am in My Father, and you are in Me, and I am in you**
{St.John 14:20}

249. 'Auā ua 'āto'atoa le tulāfono 'uma lava i le 'upu e tasi, o lenei, "Ia 'ē alofa atu i lē lua te tuā'oi, 'ia pei o 'oe lava 'iā te 'oe {*Kalatia 5:14*}
**The entire law is summed up in a single command : "Love your neighbour as yourself."** {Galatians 5:14}

250. 'Aua ne'i si'i le tuā'oi o le vavau, 'aua fo'i ne'i 'ē uia fanua o ē mātuaoti {*Fa'ata'oto 23:10*}
**Remove not the old landmark, and enter not into the fields of the fatherless** {Proverbs 23:10}

251. Le oti e, 'o fea o iai lou tui? Le tu'ugamau e, 'o fea o iai lou mānumālō? {*1Korinito 15:55*}
***O death, where is thy sting? O grave, where is thy victory?*** {1Corinthians 15:55}

252. Lo'u atali'i e, fa'alogo mai ia i le a'oa'o atu a lou tamā, 'aua fo'i e te tu'ulāfoa'iina le 'upu a lou tinā {*Fa'ata'oto 1:8*}
**Listen, my son, to your father's instruction and do not forsake your mother's teaching** {Proverbs 1:8}

253. E tu'usa'oloto fo'i 'outou e le 'upu moni {*Ioane 8:32*}
***And the truth will set you free*** {St.John 8:32}

254. 'Ia 'e āva i lou tamā ma lou tinā ('o le ulua'i tulāfono lea 'ua iai le mea 'ua folafolaina), 'ina 'ia manuia ai 'oe, ma 'ia 'ē nofo tulu'i ai i luga o le lau'ele'ele {*Efeso 6:2*}
***Honour your father and mother (which is the first commandment with a promise), that it may go well with you and that you may enjoy long life on the earth*** {Ephesians 6:2}

255. 'Inā tūmau ia o 'outou 'iā te A'u, o A'u fo'i 'iā te 'outou {*Ioane 15:4*}
***Abide in Me, and I in you*** {St.John 15:4}

256. 'Auā o le mana'o i tupe, o le pogai lea o mea leaga 'uma lava {*1Timoteo 6:10*}
***For the love of money is the root of all evil*** {1Timothy 6:10}

257. 'Aua e te fai mo 'oe se tupua 'ua tā {*Teuteronome 5:8*}
***Thou shalt not make thee any graven image*** {Deuteronomy 5:8}

258. E tusa i luma o le ALI'I le aso e tasi ma tausaga e afe, o le afe fo'i o tausaga e tusa ma le aso e tasi {*2Pēteru 3:8*}
***With the LORD a day is like a thousand years, and a thousand years are like a day*** {2Peter 3:8}

259. E toe itiiti 'ona 'outou lē vā'ai mai ai lea 'iā te A'u, e toe itiiti fo'i 'ona 'outou toe vā'ai mai ai lea 'iā te A'u
{*Ioane 16:16*}
**In a little while you will see Me no more, and then after a little while you will see Me** {St.John 16:16}

260. Fa'auta, 'o le ALI'I e vā a'i tā'ua, 'o 'oe ma a'u e fa'avavau {*1Samuelu 20:23*}
**Behold, the LORD be between thee and me for ever** {1Samuel 20:23}

261. 'O le vale, e sasa'a 'uma mai e ia lona loto, 'a'o le tagata poto, e tāofiofi e ia lona loto i tua {*Fa'ata'oto 29:11*}
**A fool uttereth all his mind, but a wise man keepeth it in till afterwards** {Proverbs 29:11}

262. 'Aua ne'i 'ē tali atu i le vale e tusa ma lona valea, 'ina ne'i tusa 'oe ma ia {*Fa'ata'oto 26:4*}
**Answer not a fool according to his folly, lest thou also be like unto him** {Proverbs 26:4}

263. 'Ia vī'ia 'oe e le tagata 'ese, 'ae lē o lou lava gutu {*Fa'ata'oto 27:2*}
**Let another man praise thee, and not your own mouth** {Proverbs 27:2}

264. 'Auā e vae fua le 'upega 'a 'ua iloa e le manu lele {*Fa'ata'oto 1:17*}
**Surely in vain the net is spread in the sight of any bird** {Proverbs 1:17}

265. 'O le taui o le fa'amaulalo ma le mata'u i le ALI'I, o le 'oloa lea, ma le vī'iga, ma le ola {*Fa'ata'oto 22:4*}
**Humility and the fear of the LORD bring wealth and honour and life** {Proverbs 22:4}

266. 'O mea a Kaisara 'ia 'outou 'avatu 'iā Kaisara, 'a'o mea a le Atua 'avatu ia i le Atua {*Luka 20:22*}
**Render therefore unto Caesar the things which be Caesar's, and unto God the things which be God's** {St.Luke 20:22}

# MUĀGAGANA MA ALAGĀ'UPU SĀMOA
## *SĀMOAN PROVERBIAL EXPRESSIONS*

1. E tele a ululau
*There is a great deal of foliage on the sugar-cane thatching panels* [re : **a**]

2. 'Ua pafuga le 'ā e pei o le faiva o seugogo
*The terns are cheeping and chirping like the sport of seugogo* [re : **'ā**]

3. E tele a'a o le tagata i lō a'a o le lā'au
*Man has more roots than a tree* [re : **a'a**]

4. 'O le 'a'ai o finagalo
*A town of thoughts* [re : **'a'ai**]

5. 'Ua 'a'au 'a'au, taunu'u i le nu'u o le 'Ape
*They swam and swam, and they reached the village of the 'Ape* [re : **'a'au**]

6. 'O le 'ā 'ou lē 'a'aumua e pei o le sā na i Ātua
*I will not swim first like the prohibition at Ātua* OR

Funa e, 'ua 'ē soli le sā o la tā 'ausaga, e sā le 'a'au muamua le tasi i le isi [re : **'a'aumua**]

7. 'Ua mōlia i lugā ma 'a'ami i lalō e galu o papatū
*To be carried upwards and brought downwards by the waves of the precipice* [re : **'a'ami**]

8. Pei o ni ma'a 'a'asa
*To be like glowing hot stones* [re : **'a'asa**]

9. Tātou 'ae ia lea manu 'ua ulu
*Let us be thankful that a bird is netted* [re : **'ae'ae**] OR

35

10. 'Ae'ae le manu 'ua ulu
    *Be grateful that a bird has gone in the net* [re : **'ae, 'ae'ae**]

11. 'Ua goto ali'i 'ae a'e tausala i le si'u o Salāfai
    *The men have sunk (in the sea), but only the lady returned at the extremity of Salāfai* [re : **a'e**]

12. 'O le vale 'ai 'afa
    *A fool that eats sinnet* [re : **'ai**]

13. E lē āiā le uto i le maene
    *A float does not have authority over a sinker* [re : **āiā**]

14. 'Ua tū le āiā
    *There is some interference* [re : **āiā**]

15. Fa'atafea ia i motu lē 'ainā
    *Let it drift to uninhabited islands* [re : **'ainā**]

16. 'O le 'aisi le momo'o
    *Begging is yearning* [re : **'aisi**]

17. 'Aitelea i Niuapai, 'upu lē liliu
    *To lose at Niuapai, because words were not changed*
    [re : **'aitelea**]

18. Mamalu pea ia le aitu o le āoa
    *May the owl (the god of the banyan tree) be praised*
    [re : **aitu o le āoa**]

19. E lē au le pule pō i le pule ao
    *Night has no authority over Day* [re : **ao**]

20. 'A'o nā mea se'i ota faia 'ea
    *If only I could do those things* [re : **'a'o**]

21. E lē a'oa'ia e le matapia le mānaia
    *The ugly does not correct the good-looking* [re : **a'oa'ia**]

22. E lē a'oa'ia e Laupu'ā (lou pua'a) Tamafaigā
*A pig does not correct a high chief* [re : **a'oa'ia**]

23. E lē aogā 'uma lā'au o le vao
*Not every tree of the forest is valuable* [re : **aogā**]

24. E 'a'oloā le vao
*The forest is full of ghosts* [re : **'a'oloā**]

25. Na au le 'ina'ilau a tama'ita'i
*The ladies row of thatch was completed* [re : **au**]

26. Pei o se laumea e tafea i le au
*To be like a dry leaf that is carried away by the currents* [re : **au**]

27. 'Ua lē 'a'u lo'u titi
*The ends of my girdle (titi) do not meet* [re : **'a'u**]

28. E auau le tava'e i ona fulu
*The tropic bird is fond of its tail-feathers* [re : **auau**] OR

29. E mamae le tava'e i ona fulu
*The tropic bird takes care of its feathers* [re : **mamae**]

30. Fa'atafea i le auau
*Let it drift with the currents* [re : **auau**]

31. Fa'ae'e se 'au'au 'ae tātou velo 'aso iai
*Put up a proposal so that we can give an opinion on it* [re : **'au'au**]

32. 'Aua, 'aua, 'aua ne'i fa'avaivai!
*Do not ever, ever, never give up!* [re : **'aua ne'i**]

33. E lē toe 'āufagaina 'upu o lo tātou taeao
*We can now speak freely* [re : **'āufagaina**]

34. 'O āuga a le au na sili ai i Fiti
*The movements of the currents forced them past their destination and landed in Fiji* [re : **āuga**]

35. 'O le 'ā suatia le 'aulapa uta
    *The produce of the land will be dug up* [re : **'aulapa**]

36. 'O faiva 'aulelei
    *Good looking tasks* [re : **'aulelei**]

37. 'O le faiva aulima tautala
    *A speech is like fishing that is hauled in with the hands*
    [re : **aulima**]

38. 'Ua ta'oto le 'au peau
    *The swell has gone down* [re : **'au peau**]

39. E 'ausigatā 'ulu a le tamāloa Ā'ana
    *It is hard to get the Ā'ana man's breadfruit* [re : **'ausigatā**]

40. 'Ua pei se tava'e le ausu i le fulu
    *To be like a tropic bird that is proud of its feathers*
    [re : **ausu**]

41. Pei se 'auva'a 'ua lelea
    *Like a crew that is blown away by the wind* [re : **'auva'a**]

42. 'Ua tosoina fa'ai'a o 'afaloloa
    *To be dragged like a hooked loloa fish* [re : **'afaloloa**]

43. Ne'i afe se atua o le ala
    *May the evil spirits of the road never appear* [re : **afe**]

44. 'Aua le tūlia afega
    *Do not get in the way* [re : **afega**]

45. 'Aua le afetualaina Pī
    *Don't ever consider the boat passage Pī* [re : **afetualaina**]

46. Fā le taeao e lē afiafi
    *Morning thought that Evening will never come* OR

47. Fā le pō e lē ao
*Night thought that Daylight will never come* [re : **afiafi**]

48. 'Ua lē sau i le āfu, lē sau i le tutupu, 'ae 'ua sau i le lalau
*Did not come when the yam withered (āfu, i.e the yam is matured, ready to harvest) ; did not come when the yam sprouted (tutupu, i.e the yam can still be harvested) ; but he came when the yam was once more in leaf (lalau, i.e the yam is uneatable)* [re : **āfu**]

49. E lē se ua, 'a'o ni afuafu
*It is not rain, just a light shower* [re : **afuafu**]

50. 'Ua āfulelea le tausaga
*The yams of the season have withered* [re : **āfulelea**]

51. 'Ua talafulu manu na moe 'afusia i matagi
*The birds that slept covered with rain are ruffling their feathers* [re : **'afusia**]

52. 'Ua toe o se āga
*There is still a span* [re : **āga**]

53. 'O le tā e lē agaia lau afioga
*Your highness is like a blow that cannot be blocked* [re : **agaia**]

54. E agatonu Manu'a 'o le fesili
*To correct oneself, just ask* [re : **agatonu**]

55. 'Ia fili i le tai sē agava'a
*Choose at sea, he who is able* [re : **agava'a**]

56. Se'i muamua ona ala uta
*Try it first on land* [re : **ala**]

57. Tōfā i vai 'ae ala i 'ai
*Sleep on a drink of water and wake up to a meal* [re : **ala**]

58. 'Ua leai se ulu e ala
*Not one head was scratched* [re : **ala**]

## Muāgagana mo tamaiti

59. Sa 'ou ui a'e i le ala i Sao
    *I went past the road to Sao* [re : **ala**]

60. E tū le alagāmea i le tūlāgāvae
    *The alagāmea net stands where there are footprints*
    [re : **alagāmea**]

61. 'O le gase ā ala lalovao
    *To die like a path in the bush* [re : **ala lalovao**]

62. E fofō e le alamea le alamea
    *Like cures like (Like attracts like)* [re : **alamea**]

63. 'O le ma'i ma le alani
    *A sickness and the cause of it* [re : **alani**]

64. 'Ua lē se'i mau se alāva'a
    *Should hold fast to one boat passage* [re : **alāva'a**]

65. 'Omi'omi fa'aniu 'ale'ale
    *Press it gently like a young coconut* [re : **'ale'ale**]

66. 'Ou te lē toe sau i le 'alia uluulutau, 'ā 'ou te toe sau i le 'alia uluulufolau
    *I shall not come back in a double war canoe, but I shall return in a double sailing canoe* [re : **'alia**]

67. 'Ua aliali le va'ava'a o le tava'e
    *The breastbone of the tropicbird is now visible* [re : **aliali**]

68. 'Ā pā'ia le pā o Foāluga, sua le tuli 'auā le ali'i o 'āiga
    *When you reach the boundary at Foāluga, turn back for the sake of the first born* [re : **ali'i o 'āiga**]

69. Na si'i le faiva o se alili, 'a 'ua maua ai le puiali'i
    *They went fishing for shellfish, but caught ladies of high rank instead* [re : **alili**]

70. Sina e, o o'u alofa'aga, o Fale'ula lenā
    *Sina, as a token of my love, here is Fale'ula for you*
    [re : **alofa'aga**]

Proverbs for kids

71. E manatua alofa talimana'o
    *Love that satisfies a need will be remembered*
    [re : **alofa talimana'o**]

72. 'Ia lafoia i le alogalu
    *May it be cast on the lagoon side of the reef* [re : **alogalu**]

73. Ua alu atu le afi
    *Here comes a fire* [re : **alu atu**]

74. 'Ua logo lē na i ama, logo lē na i atea
    *The fishing line on the lee side and the other one on the weather side can be felt* [re : **ama, atea**]

75. E poto ā le tautai 'ae sē le atu i ama
    *Even an experienced fisherman hauls in the bonito incorrectly at port side* [re : **ama**]

76. E sola le āmio leaga 'ae tuliloaina
    *An evildoer may escape but will be pursued*
    [**re : āmio leaga**]

77. 'Ua sao amo
    *All went well with the amo* [re : **amo**]

78. 'Amu'ia le māsina e alu ma sau
    *Fortunate is the moon which goes and returns*
    [re : **'amu'ia**]

79. Fītā mai vasa 'ae mapu i le ana o le maile na i le maota o le tapunu'u
    *To come through challenges at sea, but to be at peace at the cave of a dog that was at the residence of the first settler* [re : **ana**]

80. 'Ia ā le puga nisi, ā le 'ana nisi
    *May some parts be polished with puga corals, others with 'ana corals* [re : **'ana**] OR

81. 'Ia ā le puga, ā le 'ana
    *May some be puga corals, others 'ana corals* [re : **'ana**]

82. 'Ua anu i Lagī
    *Heavens was spat upon* [re : **anu**]

83. 'Aua e te anu i lagī
    *Do not spit to the heavens* [re : **anu**]

84. 'Ua api le uli
    *We are almost there* [re : **api**]

85. E 'asa le faiva, 'ae lē 'asa le masalo
    *A fishing may have no success, suspicion usually has some ground for it* [re : **'asa**]

86. E o'u le asō, 'ae o 'oe taeao
    *Today is mine, but tomorrow is yours* [re : **asō**]

87. E sua le 'ava, 'ae tō le 'ata
    *The 'ava is dug up, but a cutting is replanted* [re : **'ata, 'ava**]

88. 'Ua ta'oto le ataata o Taulelei
    *The reflection of Taulelei lies on the waters* [re : **ataata**]

89. E ataga fua 'ae mamao
    *It seems near but it is far away* [re : **ataga**]

90. Na alu e ati afi, 'ae alu atu nō masi
    *He went to fetch for fire, instead he begged for masi* [re : **ati**]

91. 'Ua 'ātoa le tino o Va'atausili
    *The transformation of Va'atausili' is complete* [re : **'ātoa**]

92. 'O le gaogao 'ā 'ato tele
    *The emptiness of a big basket* [re : **'ato tele**]

93. 'O le 'ava a finagalo
   *Food for thought* [re : **'ava**]

94. 'Ua togi, pā, tau i le 'ave
   *It is thrown at, bang, the fruit bearing stalk has been hit*
   [re : **'ave**]

95. E goto le va'a i lau 'āvega fetalaiga
   *A ship will sink from the weight of your words*
   [re : **'āvega fetalaiga**]

96. 'O le tai o fafine lē avi
   *The evening tide of unattractive women* [re : **avi**]

97. Ulu ma 'e'eu
   *To flick away (remove) what has entered* [re : **'e'eu**]

98. Taimi e ēle ai le matagi
   *The time when the wind subsides* [re : **ēle**]

99. 'Ua se 'emo o le mata le malaga
   *The journey was like the blink of an eye* [re : **'emo**]

100. 'O a'u nei o le lulu e esiesi e manu felelei
   *I am an owl chased by birds* [re : **esiesi**]

101. 'Ia folo 'ī, folo toto
   *To swallow pain is to swallow blood* [re : **'ī**]

102. 'O le i'āvai mālō
   *Governmental power is like an eel* [re : **i'āvai**]

103. 'O le i'āvai tama'ita'i
   *The female eel is hard to get* [re : **i'āvai**]

104. 'Ua 'i'o le 'upega o tautai ma 'ua a'e i fanua
   *The net is full of fish and the fishermen are going home*
   [re : **'i'o**]

105. 'Ua ma'alo le i'u 'ofe
*The end part of the fishing rod is sighted* [re : **i'u 'ofe**]

106. 'O le 'ā tā fetaia'i 'i i'u o gafa
*We shall meet again when our children marry each other*
[re : **i'u o gafa**]

107. E itiiti a 'igaga 'ae lave i mala
*The 'igaga fish may be small but it saved a disaster*
[re : **'igaga**]

108. E iloa le Vaisola i aso faigatā
*Vaisola is felt during trying times* [re : **iloa**]

109. 'Ua mū le lima, tapa i le 'i'ofi
*A person asks for the tongs (help) when his hands are burnt* [re : **'i'ofi**]

110. 'Ua lutiluti 'a'o ni i'u matagi
*It might look rough but it is the end of the storm*
[re : **i'u matagi**]

111. Ifo i le tī, a'e i le nonu
*Take it away from the tī plant, but hang it on the nonu tree* [re : **ifo**]

112. 'Ua lē ila i fanua manatu folau
*Thoughts at sea are not felt ashore* [re : **ila**]

113. 'Ua iligia i matagi le sau o le ola i Malae o le Vavau
*The wind is cooling the dew of life at the Malae o le Vavau* [re : **iligia**]

114. 'Ua tālo ilitea ma loimata le tama'ita'i nā i Fagasā
*The lady at Fagasā waved the fan with tears* [re : **ilitea**]

115. 'Ua ilo le ve'a
*The ve'a bird knows* [re : **ilo**]

116. E mafai ona sui lou ōlaga i le si'itia o lou iloa
*You can change your life through a shift in your awareness* [re : **iloa**]

117. Tau 'ina iloa 'iā i'a
*Let it be witnessed by the fish* [re : **iloa**]

118. 'Ua ilovai Āmaile i le alo o le Tuimanu'a
*Āmaile has found water because of the son of the Tuimanu'a* [re : **ilovai**]

119. 'O le 'īmoa i le faleo'o e gase i le fale tele
*The rat of the small back house dies in the large guest house* [re : **'īmoa**]

120. Ta te inu i Malie, 'ae ta te lē malie
*I am drinking at Malie, yet I am still thirsty (lē malie)* [re : **inu**]

121. 'Ua ipiniu'esea lou finagalo
*Your mind is poisoned* [re : **ipiniu'esea**]

122. 'Ua lē 'ītea le fasi na i Vaisafe'e
*We know little about the slaughter at Vaisafe'e* [re : **'ītea**]

123. 'O le i'a itiiti o 'igaga
*The small fish named 'igaga* [re : **itiiti**]

124. 'Oa'oa i fale seu
*Delight in the hunters hut* [re : **'oa'oa**]

125. 'O le lā'au e tū 'ae ōia
*A tree that stands but is marked to fall* [re : **ōia**]

126. 'Ua ōia le vao i Fagalele
*The bush at Fagalele is doomed* [re : **ōia**]

127. 'O le gafa o le Tuiā'ana 'ua o'o
*The lineage of the Tuiā'ana lives on* [re : **o'o**]

128. E tasi le pō, 'ae ogaoga
*It was one night, but a long one* [re : **ogaoga**]

129. Fa'atoetoe le muli o le ola 'auā Gāuta ma Gātai
*Save some at the bottom of the basket for Gāuta and Gātai* [re : **ola**]

130. 'Ua ola ā moamoa
*To live life like a moamoa fish* [re : **ola**]

131. Ola ia le matau
*Put the axe aside* [re : **ola**]

132. 'Ua ola i fale le lā'au a Nāfanua
*Nāfanua's club killed her own relatives* [re : **ola i fale**]

133. 'Ua muli mai ni oli, 'a'o ni foli?
*Boasting will follow, but is there any semblance of ability?* [re : **oli**]

134. 'Ua leai se manu e toe olo
*Not a single pigeon is cooing* [re : **olo**]

135. 'Ia oloolo pito va'a
*Smooth it down in parts* [re : **oloolo**]

136. 'Ua 'o se malaga i 'Olo'olo
*To be like the journey to 'Olo'olo* [re : **'olo'olo**]

137. 'Ua osaosa le si'uola a le tautai
*The fisherman's basket is almost empty* [re : **osaosa**]

138. 'Ia 'oso 'ati'ati
*Dig up even the small pieces of yam* [re : **'oso**]

139. E uliuli fua le tu'u'u 'ae otagia
*The tu'u'u fish may be ugly, but it makes a good pickle* [re : **otagia**]

140. Laga tagata oti
 *Raise the dead* [re : **oti**]

141. E lē aogā le pūlou e toe 'oto 'a 'ua tō tīmuga
 *A covering for the head (from banana or talo leaves) is plucked in vain when rain is already falling* [re : **'oto**]

142. 'Aumai le ū matatasi
 *Bring the one-pronged arrow* [re : **ū**]

143. 'Ua ū ifo tau i le pa'u
 *The bite only penetrated as far as the skin* [re : **ū**]

144. 'O le gogolo a ua pō
 *The rustle of rain falling at night* [re : **ua**]

145. 'Ua o Lea'ea
 *To be like Lea'ea* [re : **'ua**]

146. E ui ina tetele uaga 'ae lē māgalo ai le sami
 *The sea remains salty despite heavy rainfall* [re : **uaga**]

147. 'O le ala o manū lē uia
 *The unused road to blessings* [re : **uia**]

148. Tau 'ina uia ala o le atu
 *Just to pass along the bonito's way* [re : **uia**]

149. 'Ua uimoto fua o le moli
 *The oranges have been plucked off before maturity* [re : **uimoto**]

150. 'Ua uō uō foa
 *To have been friends, then broken heads* [re : **uō**]

151. 'Ua mavae atu le ufiata
 *The darkness has been cleared away* [re : **ufiata**]

152. 'Ia ufiufi a manu gase
 *To cover up dead birds* [re : **ufiufi**]

153. 'Ua maua 'ula futifuti
*To receive shredded feathers* [re : **'ula**]

154. 'O le to'oto'o uliuli
*A black staff* [re : **uliuli**]

155. E uliuli 'ae lē pō lago
*To be ugly, but does not swat flies* [re : **uliuli**]

156. 'Ia ulimasao le lā'au a Nāfanua
*May there be a happy ending to Nāfanua's undertaking* [re : **ulimasao**]

157. 'Ua aofia i le ulu mea fatu fala
*The 'aulafo discs have been put into a folded-up mat* [re : **ulu**]

158. 'O le 'ulu na sā ma ona lā
*The breadfruit tree that was forbidden, as well as its branches* [re : **'ulu**]

159. E gase ā uluga
*The dying of a pair of birds* [re : **uluga**]

160. 'Ou te lē uluto'oina le tōfā ma le moe
*I will not interfere with the decision made* [re : **uluto'oina**]

161. 'Ia ō gatasi le futia ma le 'umele
*May the sinnet ring and the fishing-rod-stand be of equal strength* [re : **'umele**]

162. 'O le niu 'umi
*A tall coconut tree* [re : **'umi**]

163. 'Ua vela lana umu i lo tātou nu'u
*He has served the village well* [re : **umu**]

164. 'Ua tautalagia le umu lapalapa
*The lapalapa oven has been spoken against* [re : **umu lapalapa**]

165. 'Ua 'o se unavau
    *He is like a poisonous unavau fish*  [re : **unavau**]

166. 'Ua tu'u tasi le 'upega o Pili
    *Pili has cast the net by himself*  [re : **'upega**]

167. 'Ua tu'u i tai le va'a tele
    *The big net is taken out to sea*  [re : **'upega tele**]

168. E usi i le tai le agava'a
    *The quality of a canoe can only be tested at sea*  [re : **usi**]

169. Usiusi fa'ava'asavili
    *To obey like a boat sailing before the wind*  [re : **usiusi**]

170. 'O si ota uso si ota masalo
    *My suspicion is my brother*  [re : **uso**]

171. Ō uta ia i Olo
    *Go inland near Mount Olo*  [re : **uta**]

172. 'Āfai 'ā lē māgalo, ō uta ia i Olo
    *If he is not forgiven, may his dwelling be at Olo*  [re : **uta**]

173. Pe 'ā pō li'avale, e uta iai manū ma mala
    *When it is night and bad dreams affright, beware of good and bad fortune*  [re : **uta**]

174. 'Aua ne'i la'ai le uto i le maene
    *Let not the float go over to the side of the sinker*  [re : **uto**]

175. Taliu le uto
    *Hit the disc back*  [re : **uto**]

176. 'Ua tini le uto
    *The uto disc has reached its goal*  [re : **uto**]

177. Leitioa 'ā lala'oa lona uto, o le 'ai nini
    *No wonder his head smells of fish, he eats and touches it*  [re : **uto**]

178. 'Ua 'ē sopo utu
*You are crossing the trench* [re : **utu**]

179. Sa'a fa'aoti le utu a le fai mea
*Let the fisherman's receptacle be completely emptied out*
[re : **utu**]

180. 'Ua utu le toto masa'a
*Bloodshed has ceased* [re : **utu**]

181. Pe nā 'o le 'utu e vaelua?
*Can only a louse be divided?* [re : **'utu**]

182. 'Inā utupūpū ia, 'ia matuā fagumau lava
*Take great care of it, and bottle it up safely* [re : **utupūpū**]

183. 'Ua utupūpū fulu o le sega'ula
*The feathers of the sega'ula bird are stored away in the atigi pūpū container* [re : **utupūpū**]

184. 'O 'oe o le tao 'ua tu'ua i le fā
*You are a spear that is left in the target* [re : **fā**]

185. 'Ua 'ē fa'aa'e le vāgātai
*You have brought up the seas* [re : **fa'aa'e**]

186. 'O le gogosina toea'ina e fa'aa'ea le tai
*The elderly tern makes the call to return home*
[re : **fa'aa'ea**]

187. E tasi le fa'aafi, 'ae felatilati
*One bowsprit, but is adequate* [re : **fa'aafi**]

188. 'Ua fa'aalāva'a o taimasa
*To be like a boat passage at low tide* [re : **fa'aalāva'a**]

189. Fa'aalia i le tolotolo Usu
*To be revealed at Usu Point* [re : **fa'aalia**]

190. 'Ua lē se'i seu fa'aalo
 *Should have used the net with due respect to others*
 [re : **fa'aalo**]

191. Na 'ona fa'aamoamotali i le va'a
 *They only touched the canoe that was being carried*
 [re : **fa'aamoamotali**]

192. 'O le fa'a'ata'ata 'ā lafoga
 *A forced smile during the game of lafoga* [re : **fa'a'ata'ata**]

193. 'Ua fa'ai'a o mātau
 *To be like a hooked fish* [re : **fa'ai'a o mātau**]

194. 'Ua fa'ai'u laufala
 *To finish like the end of a pandanus leaf* [re : **fa'ai'u**]

195. 'O le 'ā fa'aifo atu mea a le lagi
 *Things from heaven are hereby given unto you* [re : **fa'aifo**]

196. 'Ua fa'aifo le lā i lona tauafiafi
 *The sun sets in the evening* [re : **fa'aifo**]

197. 'O le fono e fa'ailo i le afi mūsaesae
 *A meeting that is made known by a blazing fire* [re : **fa'ailo**]

198. E fa'ailoilo e le ve'ave'aalagi 'ai o le tai
 *The ve'ave'aalagi bird predicts a fishing catch*
 [re : **fa'ailoilo**]

199. 'Ua fa'aofo a gata
 *To impress like a snake* [re : **fa'aofo**]

200. 'Ua fa'aosofia le manu i Utufia
 *The bird at Utufia tried to match another (bigger) flock*
 [re : **fa'aosofia**]

201. 'O le fa'aua a le Ālofi
 *Like rain at the Ālofi coast* [re : **fa'aua**]

202. Fa'aui le 'ula
*Take off the necklace* [re : **fa'aui**]

203. 'Ua fa'aususeu manu o le tuasivi
*The mountain birds are starting early* [re : **fa'aususeu**]

204. 'Ua fa'autuutu le manutulu'ia
*The manutulu'ia bird has cried a warning* [re : **fa'autuutu**]

205. 'Ua fa'afaiva o matu'u
*To fish like a matu'u* [re : **fa'afaiva**]

206. 'Ia fa'afaō le va'a o mala
*Turn the ship of misfortunes upside down* [re : **fa'afaō**]

207. Fa'afānauga a laumei
*Like the hatching of young turtles* [re : **fa'afānauga**]

208. Anini Anini, Aveavai
*Anini was destroyed, and then Aveavai* [re : **fa'afeanini**]

209. 'Ua fa'afetaia'iga a taula
*A quick meeting of the anchors* [re : **fa'afetaia'iga**]

210. 'O le fa'afitiga a tautai
*The denial by a fisherman* [re : **fa'afitiga**]

211. 'Ua tu'utu'usolo fa'afuamanusina
*To be placed anywhere like the eggs of the manusina bird*
[re : **fa'afuamanusina**]

212. E lelei le fa'agaogao 'ato telē
*It is good to have large empty baskets* [re : **fa'agaogao**]

213. 'Ua fa'alā'au tū i vanu
*To be like a tree standing near a precipice* [re : **fa'alā'au**]

214. E manatua pule, 'ae lē manatua fa'alaeō
*Mercy (exercised by the authority, pule) will be remembered, but destruction will be forgotten*
[re : **fa'alaeō**]

215. E le'i iloa i Saua, e lē iloa i le fa'alāgāmaea
*Was not seen at Saua, won't be seen on the first trip of the canoe* [re : **fa'alāgāmaea**]

216. 'Ua fa'alava Leāmoa, 'ua fa'atu'ia vae
*Leāmoa is lying across the path, a stumbling block for the feet* [re : **fa'alava**] OR

217. 'Ua fa'alava le Āmoā
*Āmoā is lying across the path* [re : **fa'alava**] OR

218. 'Ua se ivi e fa'alava
*To be like a bone that lies across the throat* [re : **fa'alava**]

219. E mau ē fa'alele, mau ē mātau
*Some will let loose, some will observe attentively* [re : **fa'alele**]

220. Sa'a le fau, tūlima lau lupe
*Haul in the string and take the pigeon by the hand* [re : **fa'alelelupe**]

221. 'Ua sola le pepe na i le vae, sola le pepe na i le lima
*The butterflies tied to the feet have escaped, the ones held with the fingers have also escaped* [re : **fa'alelepepe**]

222. 'O 'upu o le pō, e ta'u fā'ali'a
*Words of the night, are only told as dreams (with hidden meanings)* [re : **fā'ali'a**]

223. 'O le i'a a tautai e alu i le fa'alolo
*The fish appears as if it went into the net at the will of the fisherman* [re : **fa'alolo**]

224. 'Ua fa'aluā'i talo i Āsau
*To be planted twice in the same hole as was done at Āsau* [re : **fa'aluā'i**]

225. E tasi mai i Saua, 'ae fa'aluaina i Matā'utu'a'ai
*One thing was ordered by Saua, but Matā'utu'a'ai made it two* [re : **fa'aluaina**]

226. 'Ua fa'aluma tupu i fale
*To be disgraced from within the home* [re : **fa'aluma**]

227. Fa'alupe tūpola
*To be like a pigeon standing on a pola* [re : **fa'alupe**] OR

228. 'Ua fa'alupetūpola
*To be alienated* [re : **fa'alupetūpola**]

229. 'O le 'ā ta'oto ia fa'amaene o tailoloto
*To be like the sinkers of a fishing net in the deep sea*
[re : **fa'amaene**]

230. 'Ā fa'amaifi le to'atasi, 'ua mafatia le to'atele
*When one person farts, many would suffer*
[re : **fa'amaifi**]

231. Fa'amau ia le fafau
*Secure the fastening now* [re : **fa'amau**]

232. E leai se tagata e tū fa'amauga
*No man stands like a mountain* [re : **fa'amauga**]

233. 'Ia fa'amalaga 'a Ā'ana
*To behave like the travellers of Ā'ana* [re : **fa'amalaga**]

234. So'u paolo e ma so'u fa'amālumaluga
*My shade and my protection* [re : **fa'amālumaluga**]

235. 'Ua fa'amanu o savili
*To be like a bird in the wind* [re : **fa'amanu**]

236. 'O tagata 'uma e maua manuia, 'ae e lē o tagata 'uma e maua fa'amanuiaga!
*Everyone receives blessings, yet not everyone is blessed!*
[re : **fa'amanuiaga**]

237. 'O le fāgota fa'amanusina
*To fish like a manusina bird* [re : **fa'amanusina**]

238. Fa'amāsani i le ola fa'amāsani
 *Learn through experience* [re : **fa'amāsani**]

239. 'Ua 'ē tiu fa'amatalā'oa
 *You have fished like one from Matalā'oa*
 [re : **fa'amatalā'oa**]

240. Fa'amatua i vao
 *To look after the parents in the bush* [re : **fa'amatua**]

241. 'Ave le fa'amua i ē na mua i malae
 *Give preference to those that were at the malae first*
 [re : **fa'amua**]

242. 'Ua fa'apei o le fa'anaunauga 'iā Veve
 *To be like the request made to Veve* [re : **fa'anaunauga**]

243. 'Ua lē fa'anafatia tau lima
 *He is unable to fight with his hands* [re : **fa'anafatia**]

244. 'Ua tafea i le au mana'oga fa'ananau
 *Desirous wishes have been carried away by the currents*
 [re : **fa'ananau**]

245. E fa'aniutū le vā to'oto'o i taimi o le 'a'ava
 *The verbal exchanges between speakers are firm and lengthy during times of unrest* [re : **fa'aniutū**]

246. 'Ua fa'anoa fua le matūlau i le fa'anoa a gatala
 *The matūlau fish shares the grief of the gatala fish for no reason at all* [re : **fa'anoa**]

247. 'Ua fa'apapateaina
 *To be all destroyed like Papatea* [re : **fa'apapateaina**]

248. 'Ia fa'ape'ape'a lē tū
 *To be like a swallow bird that never rests*
 [re : **fa'ape'ape'a**]

249. Fa'apei 'ona naunau le mutia i le sau, e fa'apēnā 'ona 'ou naunau 'iā te 'oe lo'u au
*Just as grass yearns for dew, that is how much I long for you my love* [re : **fa'apei**]

250. E lē fa'apito Manū 'iā Tasi
*Good fortune is not confined to one (Tasi)* [re : **fa'apito**]

251. Tau ina tā ma fa'apoi
*May the strike be just a threat* [re : **fa'apoi**]

252. 'Ua fa'apupuātī lē gase
*To be like a clump of tī plants that never die*
[re : **fa'apupuātī**]

253. Se'i muamua se fa'asao a manu vao
*Firstly, make an offering to the gods* [re : **fa'asao**]

254. 'Ua fa'asami tu'ua
*To be like a deserted sea* [re : **fa'asami**]

255. 'Ua fa'aseumata'ina
*To be a spectator at seugālupe* [re : **fa'aseumata'ina**]

256. 'Ua fa'aselu gaugau
*To be like a broken comb* [re : **fa'aselu**]

257. Se'i fa'asili tēisi le sā o Alo ma Sina se'i tafola ma ta'oto 'au peau o le ava i Utumalama
*Let the canoe of Alo and Sina go past for a while until the swell of the reef passage at Utumalama have subsided*
[re : **fa'asili**]

258. 'Ua lē fa'asino pū, lē tautu'u palapala
*To neither point to a hole nor carry away the mud*
[re : **fa'asino**]

259. E fa'asīsī fua i i'a, 'ae mana'o i le pua'a
*He asked for fish, but wanted a pig* [re : **fa'asīsī**]

260. 'Ia tala mea fa'asolo
*To dismantle one at a time* [re : **fa'asolo**]

261. 'Ua motu la'u fa'asolo
*My garland of flowers has snapped* [re : **fa'asolo**]

262. 'Aua ne'i fa'ataua'i lapalapa
*Don't ever behave like you were fighting with a lapalapa*
[re : **fa'ataua'i**]

263. 'O le lamaga 'ua fa'atauaitu
*The torch fishing that turned into a devil fight*
[re : **fa'atauaitu**]

264. 'O mafutaga mausalī e āfua mai i le fa'ataualofa
*Lasting relationships start with loving one another*
[re : **fa'ataualofa**]

265. 'Ua fa'atafetafea fa'alamatāolo
*To drift freely as if fishing with a spear while sitting in a canoe* [re : **fa'atafetafea**]

266. 'Ua fa'atagitagi ula
*To start to cry like a crayfish* [re : **fa'atagitagi**] OR

267. Mātou te ō mai nei fa'atagi timu, fa'atagitagi ula
*We come in tears like rain, like the cry of a crayfish*
[re : **fa'atagitagi**]

268. 'Ua fa'atagito'ia
*To be distressed like a decoy bird* [re : **fa'atagito'ia**]

269. 'Ua lē sa'a fua le fa'atamasoāli'iga a Tapu
*Tapu's catch was emptied out for a good reason*
[re : **fa'atamasoāli'iga**]

270. E lē se tunuma ma moe fa'atasi
*To be unlike the container in which the tattooing instruments sleep together* [re : **fa'atasi**]

271. Tau ina 'ou fa'atātā ma fa'aeva le lautifa i le moana
*Just to cast and display the tifa fish hook in the ocean*
[re : **fa'atātā**]

272. Sa'ili 'ese fa'atavaū
*Search another place like a leech* [re : **fa'atavaū**]

273. Na 'ou lalafoina, 'a'o ia na fa'ati'apulaina
*I cleared the weeds and he planted the talo tops*
[re : **fa'ati'apulaina**]

274. 'Ua fa'atīlāfono i'a o le 'ata
*The big fishes are showing off their dorsal fins*
[re : **fa'atīlāfono**]

275. 'Ia fa'atili foe mo le a'e
*Save energy for the return home* [re : **fa'atili**]

276. Fa'atilotilo māsae
*To look for a hole in a net* [re : **fa'atilotilo**]

277. 'Ua gagalo fa'a-Toga nā i Vaigalo
*To disappear like the Tongans at Vaigalo* [re : **fa'a-Toga**]

278. Ne'i fa'atoma'aga sopo mauga ma la'a vanu, 'a'o lo'o tuagia malae ma tapa'au
*Lest we search for fine mats by crossing over mountains and walking through valleys, when the tulāfale and the chiefs are at hand* [re : **fa'atoma'aga**]

279. 'O le fa'atonutonufolau
*He who directs a voyage* [re : **fa'atonutonufolau**]

280. 'Ou te fa'atuā'iato
*I am like the one sitting behind the outrigger-boom*
[re : **fa'atuā'iato**]

281. E lē tau fa'atuāpulea le ma'a osofia
*An effective octopus-lure does not need to be decorated with cowrie shells* [re : **fa'atuāpulea**]

282. 'O le mea fa'atamāli'i, fa'asala, 'a'o le mea fa'atūfanua, o le fa'alumaina
*To punish a crime through the proper channels is more dignified, and is the conduct of a chief, but to take justice into one's own hands is the conduct of a boor*
[re : **fa'atūfanua**]

283. 'Avea le fa'atupualofa ma so'otaga o le filemū
*Let the fa'atupualofa grass unite us in peace*
[re : **fa'atupualofa**]

284. 'Ia fa'atutū mai foe ina 'ia faia'ina le savili
*Paddle hard to overcome the wind* [re : **fa'atutū**]

285. 'Ua logo fa'atutuila
*To listen in silence* [re : **fa'atutuila**]

286. 'Aua le fetaua'i fa'ava'amatāgia
*Don't be like a boat fighting against the wind*
[re : **fa'ava'amatāgia**]

287. 'Ua 'o le fa'avāgana i Paia
*To be like the gossip at Paia* [re : **fa'avāgana**]

288. 'Ā 'ua teu, 'ia ma teu, 'ā 'ua fai, 'ia ma fai
*If you want to cover me up, cover me well, if you want something else, do it thoroughly* [re : **fai**]

289. 'O le fono fa'ia
*A plank that will be removed again* [re : **fa'ia**]

290. Fā'i fo'i o le fale, 'a'o le 'anofale
*Consider the house, as well as the contents of the house*
[re : **fā'i fo'i**]

291. Fā'i fo'i o ē feoti, 'a'o ē feola
*Consider those that have passed on, as well as those that live on* [re : **fā'i fo'i**]

292. E lē fo'i le alofa e tau lava i faigatā
    ***Love overcomes all difficulties*** [re : **faigatā**]

293. 'O le failā tū i le ama
    ***The forked wood on the outrigger*** [re : **failā**]

294. 'Aua ne'i fiu le fai mea
    ***Do not cease creating*** [re : **fai mea**]

295. E lē o mea 'uma e mafai 'ona faitauina e faitaulia, e lē o mea 'uma fo'i e faitaulia e mafai 'ona faitauina
    ***Not everything that can be counted counts, and not everything that counts can be counted*** [re : **faitauina**]

296. Nā 'o le taeao o faiva
    ***Fishing is best in the morning*** [re : **faiva**]

297. Nā 'o le afiafi o faiva
    ***Dancing is best at night*** [re : **faiva**]

298. 'Ua faiva 'ese Lōpepe
    ***Lōpepe caught something different*** [re : **faiva 'ese**]

299. Fa'autu le fao
    ***Cease using the gouge*** [re : **fao**]

300. Ne'i lē 'auga le fao 'ato
    ***Lest the contents of the basket prove to be insufficient*** [re : **fao 'ato**]

301. 'Ia so'o le fau ma le fau
    ***Splice hibiscus fibre with hibiscus fibre*** [re : **fau**]

302. 'Ua numi le fau
    ***The string (tied to the leg of the tamed pigeon) is entangled*** [re : **fau**]

303. 'O le va'a fau pō fau ao
    ***A boat that was built night and day*** [re : **fau**]

304. 'O le pā 'ua sala le fausaga
*A fishhook design that is defective* [re : **fausaga**]

305. 'Inā gogolo ifo ia i le fafā
*May it sink unto the bottomless pit* [re : **fafā**]

306. 'Ua 'ātoa tupe i le fafao
*The ten lafoga discs are all collected and are in the container* [re : **fafao**]

307. Toe sasa'a le fafao
*Pour out the lafoga discs from the container* [re : **fafao**]

308. 'O le fāfaga ma le feūna'i
*A load comes with a push* [re : **fāfaga**]

309. 'O lo'o fafatu le 'upega o Pili
*Pili is making a net* [re : **fafatu**]

310. 'Ou te nofo atu nei, 'a 'ua o le lā mumū i fafo
*I sit here before you, but I am like the sun that shines outside* [re : **fafo**]

311. 'Ua 'ātoa le faga i Laua
*All have assembled at the bay of Laua* [re : **faga**]

312. E lē toe vāea le fala'o'oto i lā tātou mafutaga
*We shall not divide a mat when we are friends*
[re : **fala'o'oto**]

313. E lē falala fua le niu
*The coconut tree does not lean across by accident*
[re : **falala**]

314. 'Ia lago malū le fala
*Let the fala rest on a soft bed of mats* OR

'Ia lago malū le fala i lou finagalo [re : **fala lafo**]

## Muāgagana mo tamaiti

315. 'O le fale pato lava e tasi
*It is from the same breed of ducks* [re : **fale pato**]

316. Seu 'oe i fale mua, 'ae 'ou seu i fale vā'ai
*You catch at the front hut, and I will be at the lookout hut* [re : **fale vā'ai**]

317. Se'i soli le falī
*Wait till foot walks on grass* [re : **falī**]

318. E fana le fatu, 'ae tu'u le manu
*To shoot a stone, and not the bird* [re : **fana**]

319. 'Ia tāupe le tila, tāupe le fanā
*Haul the sprit and the mast tight* [re : **fanā**]

320. 'Ua 'ite fanuaalalo
*Land is in sight* [re : **fanuaalalo**]

321. 'Ua fasia fua Foaga, e le'i fai misa
*Foaga was beaten although he was not involved in the fight* [re : **fasia**]

322. Sē 'ā lē mafai le teine, fasimate
*If she refuses to come, kill her* [re : **fasimate**]

323. 'Ua 'ou seuseu ma le fata
*I am fishing with a fata* [re : **fata**]

324. 'O 'ula fatu 'ese na nanamu i fanua'ese
*The garlands that were made elsewhere gave a sweet fragrance in foreign lands* [re : **fatu**]

325. 'Ia nātia i fatuālavai
*May it remain hidden in the pig's stuffing* [re : **fatuālavai**]

326. E ta'ape a fatuati
*To collapse like a heap of stones* [re : **fatuati**]

327. 'Ua feagai Vini ma Tāpana
*Vini and Tāpana lie opposite each other* [re : **feagai**]

328. 'Ua o Tapatapaō e feālua'i
*To be like Tapatapaō who wanders from place to place*
[re : **feālua'i**]

329. 'Ua feanu i le matāmatagi
*To spit at the wind's eye* [re : **feanu**]

330. 'O manu e fulu fa'atasi e felelei fa'atasi
*Birds of the same feathers fly together* [re : **felelei**]

331. 'Ua fesaua'i fa'alā'au 'o matagi
*They are tangled like trees blown down by the wind*
[re : **fesaua'i**]

332. E fesili Mulimai 'iā Muamai
*Mulimai asks Muamai ; First come first served* [re : **fesili**]

333. 'O le 'ā fetaia'i i si'utilā ma ululā
*We shall meet like the top and bottom edges of a mat sail*
[re : **fetaia'i**]

334. 'Ua fetaui fola
*The floor boards have met* [re : **fetaui**]

335. 'O le uta a le poto e fetala'i
*A wise man thinks (and he even thinks twice)* [re : **fetāla'i**]

336. Susulu maia le malama o le Fetūao
*Let the light of the Morning Star shine* [re : **fetūao**]

337. 'Ua fetuia'i fa'afaga a 'apoa
*To stab one another like a school of 'apoa fish*
[re : **fetuia'i**]

338. Fetu'una'i muniao
*Adjust the transverse wood of the net* [re : **fetu'una'i**]

339. 'O le tā 'ato, e fevā'ilia'i
*This is our basket, we share it* [re : **fevā'ilia'i**]

340. 'Aua ne'i fiugōfie
*Never give up* [re : **fiugōfie**]

341. 'O le fili vā i fale
*The enemy in between the houses* [re : **fili**]

342. 'O le 'upega e fili i le pō, 'ae talatala i le ao
*A fishing net is entangled when used at night, but it is disentangled during the day* [re : **fili**]

343. Na fai ma fili i ta'ifau, 'ae gase i le 'īmoa
*Was a threat to the dogs, but was killed by a rat* [re : **fili**]

344. 'Aumai le ū matatasi e fana a'i le lupe 'ua i le filifili
*Bring the onepronged arrow to shoot the pigeon in the bush* [re : **filifili**]

345. 'O le aso ma le fīlīga, 'o le aso ma le mata'inātila
*Just as sinnet is plaited everyday, so should a mast be inspected daily* [re : **fīlīga**]

346. E fīsaga i Matagilēmoe 'ae lili'a i Matāutu a le Solo
*To enjoy the breeze at Matagilēmoe but to be anxious at Matāutu a le Solo* [re : **fīsaga**]

347. Fitifiti le 'ulu na toli e Leaosavai'i
*Flick the breadfruit that was plucked by Leaosavai'i* [re : **fitifiti**]

348. 'Ai ma le foa mea a Losi
*Losi ate with a fractured head* [re : **foa**]

349. 'Ua fa'avai foa'ese le papa foagia
*The rock that was struck is like water created by a stranger* [re : **foa'ese**]

350. Foai, foai, mai
*To chip, and chip, then saltwater* [re : **foai**]

351. 'Ua matua i le foaga
*To have a grindstone for a father* [re : **foaga**]

352. 'Ua mū le foaga
*The grindstone is burning* [re : **foaga**]

353. 'O le foe fa'ae'e i le tau
*A paddle lying on the deck of a canoe* [re : **foe**]

354. 'Ā iai ni alofa, fou i Futu
*If you have love, try the passage at Futu* [re : **fou**] OR

355. 'Ā iai ni ou alofa, fo'i i Futu
*If you have any compassion, return to Futu*
[re : **fo'i i futu**]

356. E lē tu'uina i fafo ne'i sautia, pē sunu'i i le 'ele'ele ina ne'i fōua e le ilo
*It won't be left outside lest it be damped, it won't be thrusted into the ground lest it be attacked by maggots (of the Tuifiti)* [re : **fōua**]

357. 'Ua fofoga fanua ina 'ua fa'ailo le i'asā
*A turtle is caught and is made known to the village*
[re : **fofoga**]

358. 'O le fogāva'a e tasi
*It is of the same fleet* [re : **fogāva'a**]

359. Fōlau a alamea
*To be cured like the alamea does* [re : **fōlau**]

360. 'O le fono fa'apipi'i
*A plank fixed temporarily* [re : **fono**]

361. Se'i fono le pa'a ma ona vae
*Let the crab have a meeting with its legs* [re : **fono**]

362. 'O le māsae a le tu'ifala, e toe fōnofonoa
*The torn tu'ifala will be mended* [re : **fōnofonoa**]

363. 'Ua sola le fai, 'ae tu'u lona foto
*The sting-ray got away but left its barb behind* [re : **foto**]

364. 'Ua fotu mai le ali'i i le faiva o manusisina
*He came into being from the works of the white terns* [re : **fotu**]

365. 'O le fōtuga a Mosopili
*The appearance of Mosopili* [re : **fōtuga**]

366. 'Ia fua le niu
*May the coconut tree bear fruit* [re : **fua**]

367. E tagi fua Vī 'ua i le va'a o 'Enelī
*Vī cries hopelessly but she is in the boat of 'Enelī* [re : **fua**]

368. 'O le ua na fua mai i Manu'a
*The rain that came from Manu'a* [re : **fua**]

369. 'Ua logo le fu'a ma le pa'ō
*The flutter of the banners and the noise of the drum is heard* [re : **fu'a**]

370. 'Ia mamau fa'alauniu fuālau o le lauloa
*May the segments of the lauloa net remain intact* [re : **fuālau**]

371. 'O le fuata ma lona lou
*To every harvest there is a harvesting stick* [re : **fuata**]

372. 'Ua sa'a i le fuefue le faiva o le tautai
*The fisherman's catch is poured out to the creepers* [re : **fuefue**]

373. 'O le lupe na fa'ia mai i le fuifui
*The pigeon that was selected from the flock* [re : **fuifui**]

374. 'Ua fuifui fa'atasi, 'ae vao 'ese'ese
*Have gathered together, but are from different forests*
[re : **fuifui**]

375. 'Ia ifo le fuiniu i le lapalapa
*May the cluster of coconuts bow to the midrib of the coconut leaf* [re : **fuiniu**]

376. Funa e, 'ā vele lava nā vao i le lā?
*Dear woman, must you weed in the sun?* [re : **funa**]

377. 'Ia tupu i se fusi
*May it grow in a swamp* [re : **fusi**]

378. 'Ua aofia i le futiafu e tasi
*All are gathered in the one pool* [re : **futiafu**]

379. 'Ua gau le sila i le fa'i
*The banana tree has broken the (steel) magnet* [re : **gau**]

380. 'O le gagalo i Vaigalo
*The disappearance at Vaigalo* [re : **gagalo**]

381. Na gagana le matapula ma le lalafi
*The matapula and lalafi fish did comment* [re : **gagana**]

382. 'Ua gase gālala le ali'i o Ulupu'u, 'a'o tōfā i vai le tama'ita'i
*Ulupu'u died from thirst while the lady sleeps in the pool*
[re : **gālala**]

383. E gase le pa'a i lona vae
*A crab dies from its own leg* [re : **gase**]

384. 'Ua gase i le vao le tagata o Tupuivao
*Tupuivao's man has perished in the forest* [re : **gase**]

385. 'Inā gasemoe, o le faiva o tama tāne o le tau
*Rest in peace, war is a profession of strong men*
[re : **gasemoe**]

386. Nā 'o le gata e fasia, 'ae pupula mai ona mata
*Only a snake looks at its slayer* [re : **gata**]

387. 'Ua fa'amea goto i moana
*To be like a thing sunk in the deep sea* [re : **goto**]

388. 'Ua gutu 'iā Vave le sā o Vave
*Vave ate up all that was made sacred for him, Vave*
[re : **gutu**]

389. 'Ua fa'afugafuga gutulua fa'apea
*To be two-mouthed like a sea cucumber* [re : **gutulua**]

390. 'O le la'a e tasi le malaga
*The journey was only a step* [re : **la'a**]

391. E lē la'ai mo'o i liu o va'a
*The gecko does not walk about in the bilge of a boat*
[re : **la'ai**]

392. 'Ai la'ai fa'avalo
*To join another at his meal (uninvited) like a valo crayfish* [re : **la'ai**]

393. Moli lā'au i Foga'a
*Take the clubs to Foga'a* [re : **lā'au**]

394. 'Ā si'isi'i le gātaifale, 'ia folau i le lā 'afa
*When the sea is rough, use the sinnet sail* [re : **lā 'afa**]

395. E vāvāmamao le lae ma le 'auvae
*The space between the corner of the mouth and the chin is huge* [re : **lae**]

396. E lē tau lā'eia le ma'a osofia
*An effective octopus-lure does not need to be decorated*
[re : **lā'eia**]

397. 'Ua laolao le sami
*The sea is smooth* [re : **laolao**]

398. 'Ua lau i 'ula 'ae pou i le toa le fale nā i Āmoa
*The house at Āmoa was thatched with garlands and its posts made of toa wood* [re : **lau**]

399. 'Ia lauama to'oto'o
*To settle a dispute by mutual concession* [re : **lauama to'oto'o**]

400. 'Ua luluti le lauāto'o ina 'ua tuavalu le fuālau
*The intensity of the poles crushing the corals increases as the eighth net is completed* [re : **lauāto'o**]

401. 'O le tao e alu ma le laufa
*A spear takes with it a piece of the coconut husk* [re : **laufa**]

402. 'Ua āfu le laufale
*The cover of the fale seu is aging* [re : **laufale**]

403. 'Ua lāgā taumulimuli le lāuga a Vailalo
*Vailalo's speech was made at the end of the meeting* [re : **lāuga**]

404. Fa'aui lau lāvea
*Disentangle the leaves of the lauloa net* [re : **lau lāvea**]

405. 'O le poto a lauloa
*The wisdom shown during the lauloa fishing* [re : **lauloa**]

406. 'O le faiva o le lauloa e fāgota i tai e lua
*The lauloa fishing is executed during high and low tide* [re : **lauloa**]

407. 'Ua se vai ma lau tā'ele
*Only at a bathing pool can everyone have a turn to bath* [re : **lau tā'ele**]

408. 'Ia saosao lautalo
    *Collect the talo leaves* [re : **lautalo**]

409. E iloa le manu i ona lauvae
    *A bird is identified by its mark* [re : **lauvae**]

410. 'Ua māe'a 'ona lauvae manu'ula
    *The manu'ula birds have been marked* [re : **lauvae**]

411. 'Ia lafo ia i le fogāva'a tele
    *Cast it upon the big deck* [re : **lafo**]

412. 'Aua ne'i fa'anu'u lāfoa'i i vasa
    *Let it not be like the land that was abandoned at sea*
    [re : **lāfoa'i**]

413. 'Ua lafolafo le sami
    *The sea is rough* [re : **lafolafo**]

414. E lāfulafu a tama seugogo
    *To be untidy as a youth catching sea birds* [re : **lāfulafu**]

415. Lāgā 'upu popo
    *Bring up old stories* [re : **lāgā**]

416. Lāgā tagata oti
    *Let the dead rise* [re : **lāgā**]

417. Tūtogi le paogo 'ae fa'asao le laga'ali
    *Bark the paogo, but spare the laga'ali tree* [re : **laga'ali**]

418. 'O lo'o tū mai lagī le laga'ali a Tamafaigā
    *The laga'ali tree of Tamafaigā stands high up in the heavens* [re **laga'ali**]

419. 'Ua fa'a'umatia lagi a Pu'apu'a, 'ae le'i siva Leautau
    *Pu'apu'a have sung all their songs, but Leautau has not yet danced* [re : **lagi**]

420. 'Ua pei o se i'a lavea
*To be like a wounded fish* [re : **lavea**]

421. 'Ua 'uma ona tā lago a Masefau
*Masefau has already cut the supports for his canoe*
[re : **lago**] OR

422. 'Ua 'uma ona tā logo a Masefau
*Masefau forewarned his sister* [re : **logo**]

423. 'Ua 'ou nofo i le va'a lagoā
*I am sitting in an unstable canoe* [re : **lagoā**]

424. 'Ua se va'a e lalago
*Like a propped-up canoe* [re : **lalago**]

425. 'O laloifi lenei
*This is under the ifi tree* [re : **laloifi**]

426. Lama tuāpola
*To prey behind the blinds* [re : **lama**]

427. Tātā lali lāpopo'a
*Beat the big drums* [re : **lāpopo'a**]

428. 'O le latalata a Salei'a
*The nearness of Salei'a* [re : **latalata**]

429. 'O le latalata 'a 'ālāfau
*The proximity of the cheek* [re : **latalata**]

430. 'Ou te se Āmoa lava a'u
*I am indeed a man of Āmoa* [re : **lava**]

431. 'Ua solo lelei le lavalima
*The project is progressing well* [re : **lavalima**]

432. E sau le faiā'oga 'ina 'ua lavatāpena le tama ā'oga
*The teacher comes when the student is ready*
[re : **lavatāpena**]

433. 'O le lave a Fulufuluitolo
*The rescue by Fulufuluitolo* [re : **lave**]

434. 'Ua lē i Pau, lē i Vau
*It is not at Pau nor at Vau* [re : **lē**]

435. 'Ua leo itiiti le Paia
*The voice of the man from Paia is barely audible* [re : **leo**]

436. 'Ia leoleosa'i le tuasivi ma le lupe papagatā
*Guard the Tuasivi and the pigeon that is difficult to restrain* [re : **leoleosa'i**]

437. E itiiti a lega mea
*It is as little as the lega* [re : **lega**]

438. 'Ua iloa i va'a lelea
*To be seen as seldom as boats carried away by strong winds* [re : **lelea**]

439. E māfua le lē moe ona o lo'o i 'ī, 'ae o lo'o mana'o e 'i 'ō
*Sleeplessness is caused by being 'here' but wanting to be 'there'* [re : **lē moe**]

440. Lepa ia i le foe
*Keep the boat still with the paddle* [re : **lepa**]

441. 'Ia lepa fa'avai'ula
*May it be calm as the Vai'ula* [re : **lepa**]

442. E lē tauilo vaifolau
*The waters that sailed is well known* [re : **lē tauilo**]

443. E utu i malae tagisaga a 'āiga lē tāgolima
*The request of those in need is fulfilled at the place of a senior orator* [re : **lē tāgolima**]

444. 'Ua tuavale le mana'o 'ina 'ua lē tu'upoloa'iga
*The wish was not fulfilled because the rules were ignored* [re : **lē tu'upoloa'iga**]

445. E pogai i vao, 'ae lia'iina i ala
*It originated in the forest, but is now diffused in the streets* [re : **lia'iina**]

446. E tutupu matagi i liu o va'a
*A wind can rise even from the inside bottom of a canoe* [re : **liu**]

447. Ne'i fa'amauga liu vanu pei o le 'ava nā i Salāfai
*Lest we become a mountain turned into a valley like the 'ava at Salāfai* [re : **liu**]

448. 'Ua līua le vai o Sina
*Sina's river has turned around* [re : **līua**]

449. 'Ua līua le tua ma le alo
*The back and front are turned back and forth* [re : **līua**]

450. 'Ua fāgota i le liuloa
*To put fish inside the canoe when caught* [re : **liuloa**]

451. 'Ua tū lili le tai
*The sea stands furiously* [re : **lili**]

452. 'Ua se'e lili'a Saveasi'uleo
*Saveasi'uleo surfs cautiously* [re : **lili'a**]

453. Na iloa i Nu'uuli 'a 'ua liliu i Palapalaloa
*It was seen at Nu'uuli but was changed at Palapalaloa* [re : **liliu**]

454. 'Ua lilo Utumā, 'ae ali Utumou'u
*Utumā is concealed, but Utumou'u is not* [re : **lilo**]

455. Faiva o Fiti 'ia lililo
*May the Fijian method of fishing remain concealed* [re : **lililo**]

456. 'Avatu ni lō, 'aumai ni lō
*To give lō fish, and to receive lō fish ; This for That* [re **lō**]

457. E sau le fuata ma lona lou
*A harvest comes with its own harvesting stick* [re : **lou**]

458. Lou 'ulu mamao
*First hook down the breadfruit hanging on the furthest branches* [re : **lou**]

459. 'O le tele o popo e sua ai le lolo
*To have plenty of coconuts is to have plenty of coconut oil* [re : **lolo**]

460. Se'i logo 'iā Mo'o
*Let us inform Mo'o* [re : **logo**]

461. Se'i logo 'iā Matuna
*Let us inform Matuna* [re : **logo**]

462. 'Ua logo 'ese'ese fa'amea vilivili
*To be misunderstood like the drilling of holes* [re : **logo 'ese'ese**]

463. 'Ua taia le logonoa i pēsega a manu lele
*The bird's singing has struck the deaf person* [re : **logonoa**]

464. 'Ua lologo le fogātia
*The hunting field is quiet* [re : **lologo**]

465. 'O le i'a 'ua lata i le loto
*A fish that is approaching the deep* [re : **loto**]

466. E tū mālō i le loto tauivi
*Perseverance brings success* [re : **loto tauivi**]

467. Se'i lua'i lou le 'ulu taumamao
*Pluck the breadfruit further away first* [re : **lua'i**]

468. 'Ua osofia mōega lūaga
*The purlins are properly joined and intact* [re : **lūaga**]

469. Si au to'o lē au ma si au luagalau
*Your pole that could not reach and your two fish*
[re : **luagalau**]

470. 'Ia luamata tō 'ese
*Let each person plant his own talo plantation in a different location* [re : **luamata**]

471. 'Ua se lulu e vālo'ia e manu
*To be like an owl that is predicted by the birds* [re : **lulu**]

472. 'Ia lūlū fa'a'ele'ele o le 'ava pa'ia
*To shake like dirt from the revered 'ava plant* [re : **lūlū**]

473. 'O le luma tupu i fale
*A disgrace from within the family* [re : **luma**]

474. E lumāfale i le moana, 'ae tuāfale i le papa
*In front of the house is the sea, at the back are the rocks*
[re : **lumāfale**]

475. Lutia i Puava, 'ae mapu i Fagalele
*Distressed at Puava, but rest at Fagalele* [re : **lutia**]

476. 'Ua lutiluti le gātaifale
*The sea is rough* [re : **lutiluti**]

477. 'Ua feagai Vana ma Lōlua
*Vana and Lōlua are opposite to each other* [re : **ma**]

478. 'O le tagata, e ola ma'alo e pei o le lāoso ma le lāgoto
*Man appears and disappears like sunrise and sunset*
[re : **ma'alo**]

479. 'O le popole e tupu ai le māasiasi
*Worry brings shame* [re : **māasiasi**]

480. 'Ua sāia fua le mā'ave'ave lē fua
*The branch that has no fruit has been struck in vain*
[re : **mā'ave'ave**]

481. 'Ua māefulu le tava'e
*The tropicbird is careful of its long tail feathers*
[re : **māefulu**]

482. 'Ua māi vai, 'ae suamalie 'ava
*Water is salty, but 'ava is sweet* [re : **māi**]

483. 'Ua māi vai o le Tagaloa talu Sili ma Vai'afai
*Tagaloa's water is brackish because of Sili and Vai'afai*
[re : **māi**]

484. E leai se faiva e 'asa ma le mā'imau
*To every fishing is one that gets away* [re : **mā'imau**]

485. 'O le mao a le ala
*The warning 'Pull there is a lull' given by a stranger*
[re : **mao**]

486. 'Ua mao 'apa'au o le pe'a
*The flying fox regrets giving away its wings* [re : **mao**]

487. Ne'i mao i le fa'alogo 'ae tau i faigatā
*Lest we hear incorrectly and reach difficulties* [re : **mao**]

488. 'Ua lē se'i mau i se alāva'a
*Should have hold fast to one boat passage* [re : **mau**]

489. 'Ua maua le fili o 'Aumua le Sigano
*'Aumua le Sigano has got a wife* [re : **maua**]

490. 'O le soifua maua
*The recovery of health* [re : **maua**]

491. 'Ua maua manu'ula
*We have got the red feathered birds* [re : **maua**]

492. Māumau o teu ma tīfiga, 'ae 'ā galo
*Ornaments are meaningless, they will be forgotten*
[re : **māumau**]

493. 'Ia māunu i tala
*Bait with words* [re : **māunu**]

494. 'O le va'a 'ua mafa tautai
*A boat full of captains* [re : **mafa**]

495. 'Ua tātou fetaia'i i le maga fetau soifua
*We meet alive under the fork of the fetau tree* [re : **maga**]

496. 'O le pā 'ua sala i le maga
*The hook has come off the shaft* [re : **maga**]

497. 'Ua mālaia nisi 'iā pusi, mālaia nisi 'iā Pagoa
*Some died because of the eels, others by Pagoa*
[re : **mālaia**]

498. 'O le va'a e le'i mau le malali
*A boat that was not well-caulked* [re : **malali**]

499. 'Ua lē o le pā, lē o le āvā, 'a'o le malapagā
*Not the fish hook, not a wife, but adversity*
[re : **malapagā**]

500. 'Ua malele le 'ava a Leausa
*The 'ava call of Leausa has been heard* [re : **malele**]

501. 'Ua malemo le Fatu
*Fatu is drowned* [re : **malemo**]

502. 'Ua malie mea tāumafa, 'ua malie ma le faga i Pa'au
*We are satisfied with the food and the reception at the bay of Pa'au* [re : **malie**]

503. 'Ua malie le Papaigalagala
*The Papaigalagala is pleased* [re : **malie**]

504. 'Ua inu i Malie 'ae lē malie
*To drink at Malie but is still thirsty* [re : **malie**]

505. Mālō tautai!
   *Well captained!* [re : **mālō**]

506. Mālō foe!
   *Well paddled!* [re : **mālō**]

507. Tu'itu'i mālōfie
   *The tapping at a club match* [re : **mālōfie**]

508. 'O le malu ā i fale'ulu
   *Shelter we get under a fale'ulu* [re : **malu**]

509. 'Ua 'o le malu i Falevai
   *Like the protection at Falevai* [re : **malu**]

510. 'O le fogātia 'ua malu maunu
   *A pigeon hunting field that is full of decoy pigeons*
   [re : **malu**]

511. 'Ia mālū le vai i lou finagalo
   *May your mind be as cool as water* [re : **mālū**]

512. 'Ia manatua Tāē o 'i Ātua
   *Do remember Tāē at Ātua* [re : **manatua**]

513. 'Ua fa'amama tō i fofoga
   *To be like a mouthful of food taken from the mouth*
   [re : **mama**]

514. 'Ua 'ou nofo ma le mamalomi
   *I sit here with a mouthful of chewed food* [re : **mamalomi**]

515. 'O lo'o mamalu le atua i le āoa
   *The presence of the god (the owl) is felt in the banyan tree*
   [re : **mamalu**]

516. 'O manava o Maile'ia 'ia 'avatu a'u, 'ae sao le tama
   *Maile'ia's request is to take me, but spare my son*
   [re : **manava**]

517. Ne'i sō'oa Ātua i mana'o lē talia
*May it not be like the search all over Ātua that was not fulfilled* [re : **mana'o lē talia**]

518. 'O 'ula mana'o talia pei o Ofo'ia
*A garland of wishes fulfilled like Ofo'ia*
[re : **mana'o talia**]

519. E tū lili'a i le Tō, 'ae maniti tino i Pīsaga
*To stand timidly at the pit, yet shudder at the uproar*
[re : **maniti**]

520. E tū mānu, 'ae lē tū logologo
*The village announcer is reliable, but a rumour is not*
[re : **mānu**] OR

521. E tū manu 'ae lē tū logologo
*The manu pattern stands out, not the logologo design*
[re : **logologo**]

522. 'Ua mele manū e Āfono
*Āfono discarded its fortune* [re : **manū**]

523. 'O manū tā te tēte'a ai, 'o manū fo'i tā te feiloa'i ai
*In peace we part, in peace we meet again* [re : **manū**]

524. 'O le manu o le tuasivi e fāgota i tai e lua
*The white tern fishes at low and high tide*
[re : **manu o le tuasivi**]

525. 'O le manu o le tuasivi e fāgota to'atasi
*The white tern fishes alone* [re : **manu o le tuasivi**]

526. 'Ā 'ou i le sami e tulituliloa a'u e i'a fe'ai ; 'Ā 'ou savali i le lau'ele'ele e tutuli a'u e pei o le manu o le tuasivi ; 'O a'u nei o le lulu e esiesi e manu felelei
*When I am at sea I am pursued by ferocious fish ; When I walk the shores I am hunted like a wild pig ; I am an owl chased by birds* [re : **manu o le tuasivi**]

527. 'Ua tātou futifuti manu'ula fa'atasi
*We are plucking feathers of manu'ula birds together*
[re : **manu'ula**]

528. 'Ia folau a manu'ula
*May you travel like a manu'ula bird* [re : **manu'ula**]

529. 'Ua ta'utino le solo i le manulagi
*The poem about the bat is told plainly* [re : **manulagi**]

530. 'O le 'ā gase manu vao, 'ae ola manu fanua
*The wild birds shall die, the tame ones shall live*
[re : **manu vao**]

531. 'O le 'ā sosopo le manu vale i le fogātia
*An unwanted bird is about to fly over the hunting field*
[re : **manu vale**]

532. 'O le mapu a Tāi'i
*The whistle of Tāi'i* [re : **mapu**]   OR

533. 'Ua logo i Pulotu le mapu a Tāi'i
*The whistle of Tāi'i is heard at Pulotu* [re : **mapu**]

534. Mapu i Niafane ma le taula i Malolo
*Rest at Niafane and anchor at Malolo* [re : **mapu**]

535. 'O le tautua lē leoa, 'a 'ua tua i masei
*Faithful service that brought adversity* [re : **masei**]

536. E ui ina tetele uaga 'ae i'u lava ina masele
*Despite a heavy downpour of rain, yet it will cease*
[re : **masele**]

537. Na sau fo'i e ati afi, 'ae te'i 'ua nō masi
*He came to fetch for fire, but unexpectedly begged for masi* [re : **masi**]

538. 'Ua pa'ū le māsina
*The moon has fallen* [re : **māsina**]

539. E lē mafai ona 'ē va'ai i ou lava mata, 'ua nā o se ataata, 'ua lē o mata
*You can never see your own face, it is only a reflection, not the face itself* [re : **mata**]

540. 'Ia tautai sē mata'alia
*May the helmsman be one that is cautious and can handle the 'alia* [re : **mata'alia**]

541. 'Ua tā i matau, tā i ama fa'alamāga ise
*The net is swung to the right, and then swung to the left like fishing for ise* [re : **matau**]

542. 'Ua mata'u i le ufi, 'ae fefe i le papa
*To fear the yam, but afraid of the rocks* [re : **mata'u**]

543. 'Ua mana'o i le ufi, 'ae fefe i le papa
*To yearn for the yam, but afraid of the rocks* [re : **mata'u**]

544. 'Ia uluulu matāfolau
*To look in a fisherman's house* [re : **matāfolau**]

545. 'Ua tulituli matāgau
*To be pursued in the direction of the broken yam* [re : **matāgau**]

546. 'Ua matagi taumuaina
*To be obstructed by the headwinds* [re : **matagi**]

547. 'Ua logo i tino matagi lelei
*The body feels a favourable wind* [re : **matagi lelei**]

548. E lē matagi taumuaina e se isi le finagalo o le Atua
*No one can oppose God's will* [re : **matagi taumuaina**]

549. 'Ua logo i tino matagi vale
*The body senses trouble* [re : **matagi vale**]

550. 'Ua si'i le matālālāga
*The plaiting has changed* [re : **matālālāga**]

551. 'O le mitimiti a matamea
*The sponging of the matamea crab* [re : **matamea**]

552. 'Ua fa'atuna matapalā i tāfega
*To be like a stranded eel with dirt in its eyes*
[re : **matapalā**]

553. 'Ua matasila le 'ausaga a tama'ita'i mai Salāfai
*Spectacular swimming skills displayed by the ladies from Salāfai* [re : **matasila**]

554. 'Ia lē o le matāti'a, 'a'o le a'oa'oga ma le māsani e maua mai i le sā'iliga o le matāti'a
*It is not the goal that is important, but the lessons learnt and the experiences gained while pursuing a goal*
[re : **matāti'a**]

555. Toe matimati le magālafu
*Rekindle the fire* [re : **matimati**]

556. E tetele ā Pēsega, 'ae matua i le ōō
*There is much water flowing from Pēsega, but it makes a home at ōō* [re : **matua**]

557. E lē se matua fafaga i fale, o le matua gāsese mo le fale
*I am not a parent that is fed inside a house, I am one that serves the house* [re : **matua**]

558. 'Ua se matūlau
*To be like a matūlau fish* [re : **matūlau**]

559. 'O le māvaega na i le tai e fetaia'i i i'u o gafa
*The farewell at sea, that they will meet again through their children* [re : **māvaega**] OR

560. 'O le māvaega na i Le One
*The farewell at Le One* [re : **māvaega**]

561. 'O le māvaega na i le Tulatalā, 'āfai e o'o mai Toga, e sau i le āuliuli folau, 'ae lē o le āuliuli tau
*If the Tongans return, they will come with no other desire than to visit, and not to fight* [re : **māvaega**]

562. Ne'i meanē 'ua niu niu pulu, pē moa moa lulu
*In case the coconuts become coconut husks, and the fowls become owls* [re : **meanē**]

563. 'O le motumotu na 'ai mea vela ai Sāmoa
*The burning wood that enabled Sāmoans to eat cooked food* [re : **mea vela**]

564. Nā 'o Neiafu na mele ai le To'elau
*Only at Neiafu was the tradewinds ignored* [re : **mele**]

565. 'Ua mele le vai e Ā'opo
*Ā'opo rejected the offer of water* [re : **mele**]

566. 'Ua mele i fagā ifilele e le Tuimanu'a
*The Tuimanu'a rejected the ifilele tree on the beach* [re : **mele**] OR

567. 'Ua mele fagā [re **mele**]

568. 'Ua mele le vai o Tagaloaalagi
*The water of Tagaloaalagi was rejected* [re : **mele**]

569. 'O le melomelo a Manu'a
*The wondrous turtle of Manu'a* [re : **melomelo**]

570. 'O le 'aisila a mūgagi
*The begging of the mūgagi basket* [re : **mūgagi**]

571. 'Ua se fau e milota'i
*To be like the twisting of a rope* [re : **milota'i**]

572. 'O le misa e faia i Toga, 'ae tala i Sāmoa
*A fight that happened in Tonga but was told in Sāmoa* [re **misa**]

573. E le'i mitimiti papata
*The crayfish have not yet smacked their lips* [re : **mitimiti**]

574. Se'i muamua le moa lē futia ma le talo lē valua
*First, the unplucked fowl and the unscraped talo*
[re : **moa**]

575. 'Ua ola a moamoā
*To live like a moamoā fish* [re : **moamoā**]

576. 'Ua se i'a e moe
*To be like a fish that sleeps* [re : **moe**]

577. 'Ua se i'a e moe mauga o Savai'i
*The hills of Savai'i look like a sleeping fish* [re : **moe**]

578. 'Ua moea'itino Va'atausili
*Va'atausili slept to strengthen his body* [re **moea'itino**]

579. 'O le 'ā se'i moea'itino Va'atausili
*Let Va'atausili sleep to regain his strength*
[re : **moea'itino**]

580. 'O le sapatū moe 'ese
*The barracuda fish that sleeps alone* [re : **moe 'ese**]

581. 'Ua se mo'o lē sosolo
*To be like a gecko that cannot crawl* [re : **mo'o**]

582. Mo'omo'o fa'alupe o le naumati
*To yearn for water like a pigeon during a drought*
[re : **mo'omo'o**]

583. E lē 'ese le aitu, 'ese le mo'omū
*There is no difference between a ghost and a mo'omū*
[re : **mo'omū**]

584. 'Ia agi le sulu ma le fīsaga i mola'i a'e si ata tama
*Let the south-west and the north-west breezes blow to bear along my child* [re **mola'i**]

585. 'Ua ta'ape moli, 'ae aofia i le futiafu
*Wild oranges are scattered in the bush, but will come together in the basin of the waterfall* [re : **moli**]

586. Moli mea i Faletui
*Take things to the Faletui* [re : **moli**]

587. Mōlia i tai o'o
*To be carried by a flood tide* [re : **mōlia**]

588. Nai alofa molipō mō 'oe
*Some secret words for you* [re : **molipō**]

589. 'O le pola motu i tua
*The broken blinds at the back of a fale* [re : **motu**]

590. Se'i motu le pā 'a 'ua iloa
*May the fishhook be shown to others before it snaps* [re : **motu**]

591. 'O le mua e lē fuatia
*The winning throw that can not be measured* [re : **mua**]

592. 'Ia mua ane lava se fale
*Before everything else, a house* [re : **mua**]

593. E lē 'uma se mu'a
*A young coconut cannot be depleted* [re : **mu'a**]

594. E mu'a le vao
*The forest is young* [re : **mu'a**]

595. Se'i muamua atu mea 'i Matāutu sā
*First, the things for the Matāutu sā* [re : **muamua**]

596. Lau 'ava mu'amu'a
*Your young 'ava shoot* [re : **mu'amu'a**]

597. E lē tauiā mulē
*The coconut lumps are not strained* [re : **mulē**]

598. Sā tau fa'aafe le sā o Alo 'a 'ua sōua muliava o Utumalamalēmele
*Alo's canoe was about to turn in but the landward end of the passage at Utumalamalēmele was rough* [re : **muliava**]

599. 'O lo'o feseuseua'i i mulito'a lililo
*To steer the canoe from one place to another above the hidden sunken rocks* [re : **mulito'a**]

600. 'Ia mulumulu 'aufoe
*Smooth out the oars by rubbing* [re : **mulumulu**]

601. Musumusu a puiali'i
*The whisper of chiefs* [re : **musumusu**]

602. 'O le ala 'ua mutia, 'ae lē se ala fati
*The road is overgrown with grass, not a new trail* [re : **mutia**]

603. 'O le taeao nai Namo
*The morning at Namo* [re : **nai**]   OR

604. 'O le taeao na a'e ai le i'asā
*The morning when the sacred turtle arose (Taemā and Tilafaigā are likened to turtles)* [re : **nai**]

605. 'Ua 'o le nauga 'iā Veve
*Like the request made to Veve* [re : **nauga**]

606. 'Ua naumatia Vailoa
*Vailoa is without water* [re : **naumatia**]

607. E nanā fua le tetea, 'ae lē lilo
*The albino is hidden in vain* [re : **nanā**]

608. Ua nātia i vai le vai o le tama'ita'i
*The lady's pool is hidden within the river* [re : **nātia**]

609. 'O le natu ma lona si'aga
*Each natu has its own si'aga* [re : **natu**]

610. Ne'i galo A'afi'a i lona vao
*Do not forget A'afi'a in his bush* [re : **ne'i**]

611. Ne'i fa'alā ma fa'auatō i ao sā o le i'a nā i le si'u o Āmoa
*Avoid being in the sun and rain like the sacred days of the fish at the extremity of Āmoa* [re : **ne'i**]

612. E suamalie ā niu 'a'ati
*To be sweet like a coconut husked with the teeth* [re : **niu 'a'ati**]

613. Pa'ū i se niu 'umi
*To fall off a tall coconut tree* [re : **niu 'umi**] OR

614. 'Ou te fia pa'ū i se niu 'umi, ou te lē fia pa'ū i se niu muli
*I want to fall off a tall coconut tree, I do not want to fall off a short one* [re : **niu 'umi**]

615. E ifo i le niule'a, 'ae a'e i le niuloa
*To come down from a dwarf coconut tree only to climb a tall one* [re : **niule'a**]

616. 'Ua fa'atagitagi niu malili
*To cry for fallen coconuts* [re : **niu malili**]

617. 'Ua noanoatia lauao o Taemanutava'e
*The hair of Taemanutava'e is tied up* [re : **noanoatia**]

618. E toa le loto, 'ae pā le no'o
*The will is strong but the hips are weak* [re : **no'o**]

619. E ui ina solo le laualuga, 'ae māopoopo le no'opā
*Despite the collapse of the upper thatches, but the foundation is firm* [re : **no'opā**]

620. Ta te nofo atu nei, 'a'o a'u lava o 'Ae
*Here I sit, but I am only 'Ae* [re : **nofo**]

621. 'Ua nofo fale sā Tui 'iā Ma'a
*The Tui brothers stayed indoors because of Ma'a*
[re : **nofo fale**]

622. 'Āfai 'ua iai se 'aleu, 'ia lafo i nu'u lē 'ainā
*If there is an error, let it be cast to the uninhabited islands*
[re : **nu'u lē 'ainā**]

623. 'O le tai e pisi nu'u malolo
*A conquered village is like the splashing sea*
[re : **nu'u malolo**]

624. Fa'asavali ā nunu
*To walk slowly as if returning from a nunu* [re : **nunu**]

625. 'Ua nunu le to'au
*The stalks of the yam have withered and entangled*
[re : **nunu**]

626. 'O le sapatū motu pā
*A barracuda fish bites off fishhooks* [re : **pā**]

627. 'Ua fano le pa'a i lona vae
*The crab died from its leg* [re : **pa'a**]

628. E ta'a le galo 'ae gase i Pa'au
*The galo fish goes at large, but dies at Pa'au* [re : **pa'au**]

629. 'Ua māe'a ona pae lago le asō
*The wooden supports have been laid out today* [re : **pae**]

630. 'O le tama'ita'i o le pae ma le 'āuli
*A maiden smooths and irons* [re : **pae**]

631. 'Ua tu'ua i le to'oto'o pa'epa'e
*It was left to a pale orator* [re : **pa'epa'e**]

632. Ta fia pa'i i le vai o le tama
*How I wish to feel the waters of the young man* [re : **pa'i**]

633. 'O lota lima lava e pa'ia ai lota mata
*My own hand could hurt my own eye* [re : **pa'ia**]

634. 'O le 'ā 'ou lē talatala fa'a'upega lavelave ou pa'ia
*I won't disentangle your dignity and honour like I would do to an entangled net* [re : **pa'ia**]

635. Mālō pa'ū malaga
*Welcome, you have arrived at night time* [re : **pa'ū**]

636. E pa'upa'u, 'ae o'o i Lepea
*It is only an old girdle (titi), but it will bring results at Lepea* [re : **pa'upa'u**]

637. Tu'u ia mō pāga
*Leave it for the mound of clay* [re : **pāga**]

638. Nofo i le pala gatete
*To sit on a shaky swamp* [re : **pala**]

639. E pala le ma'a, 'ae lē pala le 'upu
*Stones decay, Words don't* [re : **pala**]  OR

640. E pala le ma'a, 'ae lē pala le tala
*Stones decay, Stories don't* [re : **pala**]

641. E malili fa'apala'au lo'u tāofi
*My opinion will drop like a pala'au mollusc* [re : **pala'au**]

642. 'Ua motu le pale fuiono
*The ceremonial frontlet has snapped* [re : **pale fuiono**]

643. 'Ua lē papa'u le tānoa a Lea ma Lea
*The 'ava bowl of Lea and Lea is never empty*
[re : **papa'u**]

644. E lē papeva se 'upu
*A word never stumbles* [re : **papeva**]

645. E pata le tūtū i ona vae
*The tūtū crab looks larger (than it really is) because of its large legs* [re : **pata**]

646. 'Ua pati lima o Fe'epō
*Fe'epō claps his hands* [re : **pati**] OR

647. 'Ua patipati ta'oto le Fe'epō
*Fe'epō clapped his hands while lying down* [re : **patipati**]

648. 'O le patupatu amo fale
*A clumsy person that carries houses* [re : **patupatu**]

649. Pē tau i manū pē tua i ni mala?
*Will we find peace or will it backfire as misfortune?*
[re : **pē**]

650. Po'o ai 'ua ana pei le taualuga o Manu'a?
*Who broke the roof of Manu'a?* [re : **pei**]

651. 'Ua pei lava a'u o 'Ae
*I am like 'Ae* [re : **pei**]

652. 'Ua pēia le taualuga o Manu'a
*The roof of Manu'a is broken* [re : **pēia**]

653. 'Ua penapena i tua o taii'a
*To bath after the palolo rise* [re : **penapena**]

654. E toe pepese manu
*The birds will sing again* [re : **pepese**]

655. 'Ua lāuiloa e pili ma sē
*It is known even to the lizards and the grasshoppers*
[re : **pili**]

656. E pilia le ala
*The road is full of lizards* [re : **pilia**]

657. Fa'amanu pō'ia i le ōfaga
*To be like a bird caught in its nest* [re : **pō'ia**]

658. Fa'i pea le pou i Faleolo, 'ae su'e le i'a a Leaosavai'i
*Break the post at Faleolo, and look for the fish of Leaosavai'i* [re : **pou**]

659. Sui le poutū i le poutū, 'ae lē o le poulalo
*Change the central post with another central post, not with a side post* [re : **poulalo**]

660. 'A gau le poutū, e lē tali poulalo
*When the central post breaks, the side posts cannot withstand the weight of the roof* [re : **poutū**]

661. E pōgā i vao, 'ae i'u ina lia'iina i ala
*To be a mere report in the bush, but may spread on the roads* [re : **pōgā**]

662. 'O le pola tau fafo
*The blind that hangs on the outside* [re : **pola**]

663. 'O le pō malae
*It is the hour of darkness at the malae* [re : **pō malae**]

664. 'O le mama ma le ponoi
*A mouthful after mouthful and no end to it* [re : **ponoi**]

665. 'O le popo pa'ū pō
*A coconut that falls during the night* [re : **popo**] OR

666. 'Aua le tufia le popo e pa'ū pō
*Do not collect coconuts that fall during the night* [re : **popo**]

667. 'O le popo tautau tasi
*A lonely coconut* [re : **popo**]

668. E tā liu, 'ae popo'e
*To bail out the boat, but filled with anxiety* [re : **popo'e**]

669. 'O le pa'ū a le popouli
*The falling down of a full-grown coconut* [re : **popouli**]

670. 'Aua ne'i popona le toa i lou finagalo
*Let not your mind have knots like a toa tree* [re : **popona**]

671. 'Ua tagi a pū mate
*To cry like a dying conch-shell* [re : **pū**]

672. E lē pū se tino i 'upu
*Words cannot pierce the body* [re : **pū**]

673. 'Ua ala mai i pu'e o manū
*To wake up to a catch of good fortune* [re : **pu'e**]

674. 'Ua ala mai i pu'e o mala
*To wake up to a catch of misfortune* [re : **pu'e**]

675. 'Ave mālū i le pu'ega
*Give water to the fisherman* [re : **pu'ega**]

676. 'Ave malu i le pu'ega
*Give assistance to the fisherman* [re : **pu'ega**]

677. Pu'epu'emaua le taimi nei
*Seize the moment* [re : **pu'epu'emaua**]

678. 'Ua pū 'ese le vai o Sāmata
*The water bottles of Sāmata have two mouths*
[re : **pū 'ese**]

679. Tau o se puipui'au a Tuliamoeva'a
*Just attendants to Tuliamoeva'a* [re : **puipui'au**]

680. 'O le mafuli 'a puou
*To be like an uprooted puou* [re : **puou**]

681. E lē āiā puga i le masi
*The puga coral has nothing to do with the preparation of the masi* [re : **puga**]

682. 'Ua pulapula a lāgoto, ma le i'a 'ua lata i le loto
*It is like the glow of the setting sun, and a fish approaching the deep* [re : **pulapula**]

683. E tasi 'ae afe - Pūlou o le ola
*One and yet a thousand - Life cover* [re : **pūlou**]

684. 'O le punapuna a manu fou
*The jumping about of a newly caught bird*
[re : **punapuna**]

685. 'O le pupulu a Vālomua
*The intercession of Vālomua* [re : **pupulu**]

686. 'Ua sili loa le sā o Alo ona o fītā o le ava i Utumalama
*Alo's canoe went past its destination due to challenges at the reef passage at Utumalama* [re : **sā**]

687. Toe sa'a le fafao
*Empty the shell disc container again* [re : **sa'a**]

688. 'Ua tātou fesilafa'i i vā i lupe maua, 'ae lē o vā i lupe sa'ā
*We meet in prosperity and not in adversity* [re : **sa'ā**]

689. 'O lē sa'ili lanu ma sa'ili 'ai, e maua le fa'anoanoa
*He that seeks self-praise finds grief* [re : **sa'ili lanu**]

690. 'Aua e te fāgota i le sao
*Do not fish with the stick* [re : **sao**]

691. E sao mai i le Amouta, 'ae tali le Amotai, fā'i fo'i o lea, 'a'o le toe aso na i Moamoa
*To be victorious at Amouta, but Amotai awaits, despite all that, but the final day at Moamoa* [re : **sao**]

692. E sa'olele le tuamafa i lou finagalo
*Your will is like the undisturbed flight of the tuamafa* [re : **sa'olele**]

693. 'O le sau o le ola
*The dew of life* [re : **sau**]

694. 'Ua tuliloa le atu a le sa'u
*The swordfish pursues its bonito* [re : **sa'u**]

695. 'Ia fa'amāmā le sausau, 'ia ola sā Tagaloā
*Reduce the intensity of the killing, let the Tagaloa family live* [re : **sausau**]

696. 'Ua sāusāu fia lele le manu nai Utufia
*The bird at Utufia flutters its wings, longing to fly* [re **sāusāu**]

697. 'Ua matematelima le saga o Pa'usisi
*The dowry of Pa'usisi died in her own hands* [re : **saga**]

698. Sāga'i ane 'ai o le tai
*May the blessings of the sea be with you* [re : **sāga'i**]

699. E tenetene fua le livaliva, 'ae sagasaga 'ai le vili ia
*The drill plate dances without object, but the drill eats on through the wood* [re : **sagasaga**]

700. 'O le sala e tau'ave i le fofoga
*An offence that is carried in the face* [re : **sala**]

701. 'Ā 'ua sala uta, 'ia tonu tai
*If a mistake is made inland, correct it at sea* [re : **sala**]

702. 'Ua sala 'iā Vala
*The slip is due to Vala* [re : **sala**]

703. E lē sālā 'upu mai anamua
*Words of the past are true* [re : **sala**]

704. 'Ua salana'a le lupe o le taeao
*The pigeon caught in the morning is not what was expected* [re : **salana'a**]

705. 'Ua saluvale lauta'amū a Ā'opo
*The ta'amū leaves of Ā'opo were prepared in vain* [re : **saluvale**]

706. 'Ia sama o sē mago
*Let him who is dry paint himself first* [re : **sama**]

707. 'Ua samialaina, samialaina, 'ua leai le tino o le tamāloa
*She was burnt from exposure to the sun, but never a sign of the man's body did she have* [re : **samialaina**]

708. 'Ua sanisani fa'amanuao
*To rejoice like a manuao bird that whistles at daybreak* [re : **sanisani**]

709. 'O le 'ā sasau le tu'umuli
*We are leaving (beat the retreat)* [re : **sasau**]

710. 'Ua sasagi fua le livaliva, 'a 'ua gau le matāvana
*The drill plate boasts in vain, but the drill point is broken* [re : **sasagi**]

711. 'Ua sasala fa'aali'iolepō
*The fragrance is spreading like that of the ali'i o le pō plant* [re : **sasala**]

712. 'Ua savini fa'apunuāmanu
*To try to fly for the first time like a young bird* [re : **savini**]

713. E lele le sē, 'ae lama le ti'otala
*A grasshopper flies about but the kingfisher preys*
[re : **sē**]

714. 'Ua sē le atu i ama
*The bonito was inadvertently pulled in on the outrigger side* [re : **sē**]

715. 'Ua sē le vai i 'Eva
*The river is lost to 'Eva* [re : **sē**]

716. 'Ia lē se'etia i le malū o le tai taeao
*Do not be deceived by the calmness of the morning tide*
[re : **se'etia**]

717. Se'i mua'i tālā sā o le faiva nā i Āmoa
*Let us first remove the fishing restrictions as was done at Āmoa* [re : **se'i**]

718. 'O le lupe na seu silasila
*A pigeon netted in the sight of all* [re : **seu**] OR

719. 'O le lupe na seu va'aia
*A pigeon netted and seen by all* [re : **seu**]

720. 'O le ti'a e lē seua lou finagalo
*Your will is like a dart that cannot be deflected from its course* [re : **seua**]

721. 'Ua sili mea le seuga
*The hunting gear are hung up* [re : **seuga**]

722. 'O le va'a 'ua seuvale 'a'o ala le mafua
*A canoe that is steered carelessly while the young fishes are on the rise* [re : **seuvale**]

723. Sega e, 'ā vele lava nā vao i le lā?
*Woman, must you weed in the heat of the sun?* [re : **sega**]

724. Mālietoa e, o lau sega'ula lea, o le 'ā 'ou fo'i
*Mālietoa, here is your sega'ula, I will go back now*
[re : **sega'ula**]

725. E o Ulu le tafe, 'ae selefutia ai Vaisigano
*The Ulu brook is the source of the stream, but the Vaisigano river sustains the damage* [re : **selefutia**]

726. 'Aua e te seluselu mai a'u
*Do not comb me* [re : **seluselu**]

727. 'Ua pā'ū'ū tama tāne, 'ua sese'e toa
*The mighty men have fallen, the warriors have slipped*
[re : **sese'e**]

728. 'O le lata a sesele
*To be as tame as the sesele fish* [re : **sesele**]

729. 'Ia seu le manu, 'ae silasila i le galu
*Catch the gogo bird but watch out for the breakers*
[re : **silasila**]

730. E lē sili Mo'a i le matagi
*Mo'a is not the master of the wind* [re : **sili**]

731. Sili le foe
*Hang up the paddle* [re : **sili**]

732. 'Ua siliga tali i seu
*The return of the hunt is long overdue* [re : **siliga**]

733. Sina toe o Sagone
*Some leftover from Sagone* [re : **sina**]

734. 'Ua sina le galu
*The breakers are turning white* [re : **sina**]

735. E a sipa le lama, 'ae fano mālolo
*The torch is tilted over, but the flying fish dies* [re : **sipa**]

736. E lālā Salāfai, 'a'o soa o Lavea
*Salāfai has many branches, but they are all attendants of Lavea* [re : **soa**]

737. Soa lau pule
*Share the authority with your colleagues* [re : **soa**]

738. 'O le manusina e lē soā
*A white sentinel tern has no friend* [re : **soā**]

739. 'Ua 'o le talitaliga o le soi
*It is like waiting for the soi* [re : **soi**]

740. 'Ua se i'a e sola
*To be like a fish that escaped* [re : **sola**]

741. 'O le sola a Faleata
*To be like the flight of Faleata* [re : **sola**]

742. 'Ua solia le tai
*She is no longer a virgin* [re : **solia**]

743. 'Ua solo le falute
*The bundle of mats has come apart* [re : **solo**]

744. 'Ua solo lava le lavalima
*The work is progressing well* [re : **solo**]

745. Mānaia le solo o le afiafi
*It is very pleasant to have a stroll in the evening* [re : **solo**]

746. 'Ua sosoli falī
*Falī was trampled underfoot* [re : **sosoli**]

747. 'Ā sua le tuli e le toa, 'ona tātā lea o tao
*When the warrior stops, tap the spears* [re : **sua**]

748. E sua le 'ava 'ae tō le 'ata
*The 'ava plant is uprooted but a cutting is replanted*
[re : **sua**]

749. 'Ou te se tagata tau suati
*I am only a man contending with the outrigger*
[re : **suati**]

750. Suati ia le faiva ma sasa'a le ola
*Pour out the fish and empty the basket* [re : **suati**]

751. 'Ia su'esu'euga i poloa'iga na tu'uina mai
*Seek diligently to understand the messages given*
[re : **su'esu'euga**]

752. 'Ia su'i tonu le mata o le niu
*Pierce the correct eye of the coconut* [re : **su'i**]

753. E pa'epa'e le sugale 'ae lē lave
*The sugale fish may be white, but is not helpful*
[re : **sugale**]

754. 'Ua lē sūlā fala o 'Ie'ie
*The fine mats of 'Ie'ie were not acknowledged* [re : **sūlā**]

755. 'O le tele o sulu, e tele ai fīgōta
*More light brings more shellfish* [re : **sulu**]

756. 'Ua suluia le pagi
*The bait is seen* [re : **suluia**]

757. Na sunu'i alāfale o mālō i Tanumāfili
*Evidence of victory was marked at the malae of Tanumāfili* [re : **sunu'i**]

758. Ta te gase ā uluga
*We shall die together* [re : **ta**]

759. Sē Manu Sāmoa, 'ua mālie sē lou toa, pagā lea, 'ua ta fia Faleālili fua
*Bravo Manu Sāmoa, alas, How I wish to be from Faleālili*
[re : **ta**]

760. E tā fua le tao, 'ua tau
*It is useless to strike the spear, it has hit the target*
[re : **tā**]

761. 'Ua se ū ta'afale
*He is like a bite inside a house* [re : **ta'afale**]

762. 'Ia ta'amilo pea ma tāutala
*Keep turning the house around, and pull on the ropes*
[re : **ta'amilo**]

763. 'Ua se ta'ata'a a le ala
*To be like grass on the roadside* [re : **ta'ata'a**]

764. 'Ua siva Sālevao 'ae ta'avale ulupo'o
*Sālevao danced while the skulls rolled* [re : **ta'avale**]

765. 'O le lupe o le taeao
*A pigeon caught early in the morning* [re : **taeao**]

766. 'O le taeao nai Samanā
*The morning feast at Samanā* Frequently we hear : *'O le taeao nai Saua* OR *'O le taeao nai Samanā* OR *'O le taeao nai Namo* [re : **taeao**]

767. 'Ua sa'a i le tai le 'upega o Pili
*Pili's net is poured out into the sea* [re : **tai**]

768. 'Ua taia le ulu, sa'e le vae
*The head is struck, the leg is unsteady* [re : **taia**]

769. 'Ua mua'i tāi'a Fagaiofu
*Fagaiofu goes fishing first* [re : **tāi'a**]

770. 'Ua so'o nei le taiao
*The inside area of the lauloa is completely netted*
[re : **taiao**]

771. 'Ua iloa taiao
*Low tide is visible* [re : **taiao**]

772. E fitā mai vasā, 'ae tali faigatā o le ta'ifau sau'ai
*To come through dangers at sea, but the threats of a man-eating dog awaits* [re : **ta'ifau**]

773. Na ta alu fo'i o tailelei, 'a 'ua ta sau 'ua taipupū
*When I left, the coast was calm, and now it is iron-bound* [re : **tailelei**]

774. 'O le taimālie a Ve'a
*The unexpected appearance of Ve'a* [re : **taimālie**]

775. 'O le alofa e fāgota i le taipē ma le taisua
*Love fishes during high and low tides* [re : **taipē**]

776. 'Ua 'ai 'ulu, tuana'i tā'isi
*They now eat breadfruit, and immediately forget those who fed them with yams* [re : **tā'isi**] OR

777. 'Ua lātou 'a'ai i 'ulu, 'ua fa'atuatuana'i i ē sā faia tā'isi ufī

778. 'Ua ta'oto a atu vela
*To lie down like a cooked bonito* [re : **ta'oto**]

779. 'Ia ta'oto a le Vai'ula 'upu a lo tātou nu'u
*May the words of our village be as peaceful as the Vai'ula* [re : **ta'oto**]

780. 'Ua tau lupe a Lefao
*Lefao is counting his pigeons* [re : **tau**]

781. Tau o se mea e ala ai
*As long as the end is attained* [re : **tau**] OR

782. So'o se mea e ala ai  [re : **tau**]

783. 'Ā 'ua Tigi ma Lau, ta'u ane ai ma 'Olo
*If he is to be named Tigi and Lau, mention the name 'Olo as well*  [re : **ta'u**]

784. 'O ia e taūa lauulu magāafe
*He could count a thousand hairs*  [re : **taūa**]

785. Tu'u le fā 'ae tau'ave le lua
*Put down four and carry two*  [re : **tau'ave**]

786. E maota tau'ave Sāmoa
*Sāmoan dwelling places are portable*  [re : **tau'ave**]

787. E au i le tauola, au fo'i i le fāgota
*To be entitled to observe, also entitled to fish*  [re : **tauola**]

788. 'O le va'ai a le tauuta
*A landlubbers opinion*  [re : **tauuta**]

789. E taufa a Le Manunu
*It is the rain of Le Manunu*  [re : **taufa**]

790. E gālala i ulu taufa
*To be thirsty at the riverhead*  [re : **taufa**]

791. 'Ua tele manatu e fia fa'aali 'ae faigatā, 'ua malu le taufānu'u
*There are many things that one would like to say, but the rain clouds are covering the sky*  [re : **taufānu'u**]

792. 'O le va'a 'ua motu ma le taula
*A ship that is separated from its anchor*  [re : **taula**]

793. 'Ua fa'afetaia'iga a taulā
*To be like the meeting of sailing canoes*  [re : **taulā**]

794. 'Ua lata le tau laumea
*It will soon be evening* [re : **tau laumea**]

795. Mōlia se tāulaga o'o i le Vao sā o le Tuifiti
*Take an acceptable offering to the sacred forest of the Tuifiti* [re : **tāulaga o'o**]

796. 'Ua taulua i le tuga
*To be paired with a diseased coconut* [re : **taulua**]

797. 'Ua 'aimafua atu, 'ua lupepe taumanu
*The bonito are feeding on the small fish, the birds gather in great numbers* [re : **taumanu**]

798. 'Ua lupepe le taumanu'ula
*A flock of manu'ula birds have gathered together in large numbers* [re : **taumanu'ula**]

799. E lē taumāsina se tagatālautele ma se tamāli'i
*With high chiefs, one does not know enough about the moon* [re : **taumāsina**] OR

800. E lē taumāsina ma tamāli'i [re : **tamāli'i**]

801. 'O le ola, e taupule'esea
*Life is decreed* [re : **taupule'esea**]

802. E ā le uga i tausili, 'ae tīgāina ai fua le atigi
*It is the crab that climbs, but it is the shell which pays the price when it falls* [re : **tausili**]

803. 'O le sala a tautai e totogi
*The mistake of a fisherman must be paid for* [re : **tautai**]

804. Tautai o sē agava'a
*A shipmaster must be capable* [re : **tautai**]

805. 'O le 'upega e tautau 'ae fagota
*The net is now hung up (to dry), but will soon be used for fishing again* [re : **tautau**]

806. 'O se aso 'ua lagi lelei, 'o se aso ua tō le ta'uta'u
*We have fine weather as well as squalls* [re : **ta'uta'u**]

807. E fai tautāgo lava le gāluega nei
*To do work without any prior experience* [re : **tautāgo**]

808. 'O le tāutasi a lima matua
*The solitude of the thumb* [re : **tāutasi**]

809. 'O le 'ulu tautogia
*The breadfruit that was made a target* [re : **tautogia**]

810. 'Ua sau 'Apa'ula, 'ua tautua
*'Apa'ula has arrived, but it is too late* [re : **tautua**]

811. 'O le ala i le pule o le tautua
*The way to (gain) authority is through (faithful) service*
[re : **tautua**]

812. 'O le tautua o le tāulaga maualuga lea
*Service is a great offering* [re : **tautua**]

813. 'Ua tauvale le mafua a le pua nai Aganoa
*The fragrance of the Aganoa frangipani was ineffective*
[re : **tauvale**]

814. 'Ua tauvale le tagivale o Meto
*Meto's demands did not materialise* [re : **tauvale**]

815. Tafa'i ma'a Mau'ava
*Let a stone occupy Mau'ava's place* [re : **tafa'i**] OR

816. Tafa'i ma'a le tamāloa nai le Ālātaua [re : **tafa'i**] OR

817. Tafa'i ma'a lē na liu fatu [re : **tafa'i**]

818. Taia i le tafao, taia i le va'ai
*Struck by a mallet, struck by sight* [re : **tafao**]

819. 'Ua tafao taliga o Tufugauli
 *Tufugauli's ears goes wandering about* [re : **tafao**]

820. 'Ia tafatafa fuga, 'ae 'aua le tafatafa maono
 *Better to be at the side of a fuga fish than a maono fish*
 [re : **tafatafa**]

821. 'O le foe tafea
 *A drifted-off oar* [re : **tafea**]

822. 'Ua tafea le tau'ofe
 *The cluster of bamboo has drifted away* [re : **tafea**]

823. 'O le manu tafi manu
 *A bird that drives away birds* [re : **tafi**]

824. 'Ua tafi tagata le malae i Fīnao
 *It was a clean sweep (a decisive victory) at the village green of Fīnao* [re : **tafi**]

825. 'O le ago e tafia
 *A tattooing sketch would eventually be rubbed off*
 [re : **tafia**]

826. E tau i le lagi ona tafo'e
 *His choice fish belongs to heaven* [re : **tafo'e**]

827. E i 'ō i 'ō le ua, tafuna'i
 *The rain clouds scatter far away, but soon they would gather together* [re : **tafuna'i**]

828. 'Ua atagia tāga tafili
 *The movement of the pigeon hunter is detected* [re : **tafili**]

829. 'Ua taga'i mālama
 *It is visible* [re : **taga'i**]

830. E lafi ā tagausi
 *To hide like a tattoo design* [re : **tagausi**]

831. 'Ua pīsia i le tāgāliu
*To be splashed while removing water from the canoe*
[re : **tāgāliu**]

832. 'Ua tele tagata pule 'ae leai nisi e pūleaina
*There are many managers but no one to manage*
[re : **tagata pule**]

833. Se'i tagi mai Pute 'a'o ola Gau
*If only Pute had asked while Gau was alive* [re : **tagi**]

834. 'Ua tagi le fatu ma le 'ele'ele
*The stones and the earth weep* [re : **tagi**]

835. Na tagisia Lā'ulu o se va'a 'ia goto
*The Lā'ulu reef was requested to fill up a canoe with fish, even if it sinks* [re : **tagisia**]

836. Na tāgisia i mātou i le ala
*The crickets chirped at us by the roadside* [re : **tāgisia**]

837. Meto tagivale
*Meto is too demanding* [re : **tagivale**]

838. E fai vae o tala
*Gossip have legs* [re : **tala**]

839. 'Ua lē tālā sā o le pou nai Sālepoua'e
*The taboo on the post at Sālepoua'e has not been lifted*
[re : **tālā**]

840. 'Ua talafulu i le ana na moe ai Va'atausili
*To meet happily at the cave where Va'atausili slept*
[re : **talafulu**]

841. 'O le latalata a Faonu'u, 'ae lē tū i le talaga
*Faonu'u lives near the malae but he may not stand there*
[re : **talaga**]

842. 'Ua talagā a pā usi
*Like a pair of white pearl shell fish hooks*
[re : **talagā**] OR

843. 'Ua talagā a pā sina
*Like a pair of white pearl shell fish-hooks* [re : **talagā**]

844. 'Aua ne'i e tālaleu i le a'oa'o mai a lou tamā
*Do not sneer at the teachings of your father* [re : **tālaleu**]

845. 'Ua talana'i uto o le 'upega nai le tai i fanua
*The floats of the net that was at sea are hauled up to shore* [re : **talana'i**]

846. E talanoa atu, 'ae lē talanoa manu
*The bonito talk to one another, but the seagulls don't*
[re : **talanoa**]

847. 'Ua talanoa manu o le vāteatea
*The birds of the sky are talking* [re : **talanoa**]

848. 'Ua talanoa fogāfala
*To converse while lying on the mats*
[re : **talanoa fogāfala**]

849. 'Aua le talatōina le 'afa i le moana
*Do not let go of all the fishing line in the deep sea*
[re : **talatōina**]

850. Tali i lagi vai o Ā'opo
*Ā'opo awaits water from heaven* [re : **tali**]

851. Tali i le tuālima
*To receive with the back of the hand* [re : **tali**]

852. 'Aua le talia i le tai
*Do not meet them at sea* [re : **talia**]

853. 'O le 'upega lē talifau
*A net which is beyond repair* [re : **talifau**]

854. 'O lo'o talisoa le i'a a Nāfanua
*We are waiting for the fish of Nāfanua*  [re : **talisoa**]  OR

855. Talisoa le i'a a le tama'ita'i  [re : **talisoa**]

856. Tālo lua Tuna ma Fata
*Pray for both Tuna and Fata*  [re : **tālo**]

857. 'Ua mama i oa mama i taloa
*It is leaking from the gunwale to the garboard strake*
[re : **taloa**]

858. 'Ā gaua'i e ola, 'ā tete'e 'oi tālofa!
*Take heed and flourish, to rebel is unthinkable*
[re : **tālofa**]

859. 'O tālu o Sili ma Vaiafai 'ua mai ai vai o le Tagaloa
*Because of Sili and Vaiafai, the water of Le Tagaloa became saline*  [re : **tālu**]

860. E faigōfie tama, peita'i o 'āiga e faigatā
*Matters are easily arranged with the chiefs, but where the lineages are involved, it is difficult*  [re : **tama**]

861. Tapai tataga le pilia
*Don't ever allow many lizards around (while we collect 'afato)*  [re : **tapai**]

862. 'Ua fa'amea tapena i le ua
*To be like things prepared in the rain*  [re : **tapena**]

863. 'Ia tāpua'i a atigi ifi
*To sit, pray and wait like an empty chestnut shell*
[re : **tāpua'i**]

864. E tasi 'ae afe
*One and yet a thousand*  [re : **tasi**]

865. 'Ua tasili foe a tautai
*The fishermen have hung up their paddles* [re : **tasili**]

866. 'Ua tātā i tua o Fatutoa le la'i o Puava
*The westerly wind of Puava was blowing hard from behind of Fatutoa* [re : **tātā**]

867. Tavai manu uli
*Give water to the black birds* [re : **tavai**]

868. 'Aua le aoina le te'a muli
*Don't pick up the balls left far behind* [re : **te'a muli**]

869. Se'i totō le ta'amū te'evao
*Grow the ta'amū to stop the weeds from growing* [re : **te'evao**]

870. 'Ua te'i ina 'ua tū i Fagalilo le Tonumaipe'a
*To be surprised when the Tonumaipe'a appeared at Fagalilo* [re : **te'i**]

871. 'O le te'i a Le'uo 'ua noanoatia
*The surprise of Le'uo is engulfed* [re : **te'i**]

872. Teu lā'ei 'ia talafeagai ma le aso
*Dress to suit the occasion* [re : **teu**]

873. 'Ia lāfoa'i i le fogāva'a tele
*Cast it on the great deck* [re : **tele**]

874. Tele a lalo le i'a a Sāsa'umani
*Push the fish of Sāsa'umani up from below* [re : **tele**]

875. E telealuga, pē telealalo le i'asā?
*Is the turtle more to the bottom or more to the surface?* [re : **telealalo**]

876. 'Ua se temeteme
*To be like the plate of a drill* [re : **temeteme**]

877. E tū temutemu le manatu
*I give my opinion reluctantly* [re : **temutemu**]

878. 'Ua tepataumeasina lo tātou taeao
*We are grateful for this day* [re : **tepataumeasina**]

879. 'Ua tēte'a le lupe ma le 'upega
*The pigeon is taken out of the net* [re : **tēte'a**]

880. 'O le 'ai o le teve
*The eating of the teve plant* [re : **teve**]

881. E pipili tia, 'ae mamao ala
*The hunting sites are near to one another, but the paths to each other are distant* [re : **tia**]

882. 'O le ti'a ulu tonu lou finagalo
*Your will is like a dart heading straight for the target*
[re : **ti'a**]

883. 'O le 'ā foa le tio
*Let us break the tio mollusc* [re : **tio**]

884. 'Ua sau le va'a na tiu, 'ae tali le va'a na tau, 'o lo'o maumaulago i le va'a na fao āfolau
*The fishing canoe returns, and is received by the canoe that is anchored, which is supported by the canoe propped up in the boatshed* [re : **tiu**]

885. 'O le tiuga a Matalā'oa e tiu ma āfīfī
*The Matalā'oa people when fishing for sharks, wrap up everything* [re : **tiuga**]

886. 'Ua se tifitifi
*To be like a tifitifi fish* [re : **tifitifi**]

887. 'Ua gau le tila, tu'u i Manono
*The sprit is broken, it is left at Manono* [re : **tila**]

888. 'Ia tili i le papa i Gālagala
*Run for your life to the rock at Gālagala* [re : **tili**]

889. Tilitili va'a goto
*To hurry like a sinking boat trying to reach the shore* [re : **tilitili**]

890. 'Ua se tilo to'o o le maota
*The posts of a chief's house are as straight as beams of light* [re : **tilo**]

891. 'O le 'ā tīmata le 'upega
*The fishing net will be mended* [re : **tīmata**] OR

892. Toe tīmata le 'upega
*Mend the net* [re : **tīmata**]

893. 'Ua pei o se timutō le to'ulu mai o fa'amanuiaga
*Blessings are falling down like heavy rain* [re : **timutō**]

894. 'Ua tino le soifua, 'ua tō i tua 'Apolima
*Life is assured, 'Apolima is behind us* [re : **tino**]

895. Vā'ili ma titina
*Search for lice and crush them* [re : **titina**]

896. 'Ua fai 'ea a'u mou titi se'ese'e?
*Am I your working garment?* [re : **titi se'ese'e**]

897. 'O ua 'ua tō i vao
*Rain has fallen in the bush* [re : **tō**] OR

898. 'Ua tō i le vao mea fānafana
*Hunting gear that was lost in the woods* [re : **tō**]

899. 'Ua tō Fatu i le moana
*Fatu perished in the sea* [re : **tō**] OR

900. 'Ua tōfatumoanaina
*To be sunk like a stone at sea* [re : **tō**]

901. 'Ua tō i lologāmata
*It is secured in the long fishing net* [re : **tō**]

902. 'Upu tō a vālevale
*Words misinterpreted by fools* [re : **tō**]

903. 'Ua tō le fale o tautai
*The fishermen's house has been erected* [re : **tō**]

904. E gase toa, 'ae ola pule
*The brave warriors will die, but a merciful decision will live on* [re : **toa**]

905. 'Ua gase toa
*The mighty ones have fallen* [re : **toa**]

906. Se'i moe le toa
*Let the toa pole rest* [re : **toa**]

907. 'Ia moe le ufu, to'a le paipai
*May the ufu fish sleep, and the paipai crab sit calmly* [re : **to'a**]

908. To'a ane ia i le vai o le gogo
*Take a rest at the pool of the seagull* [re : **to'a**]

909. Tō'ai fa'ai'a a pō
*To arrive like a fish at night* [re : **tō'ai**]

910. 'Ua toalo le va'a sa folau mai vasa
*The boat which was in the open sea has come inside the reef* [re : **toalo**]

911. 'Ia tō 'ele'ele e pei o le 'ava na tō lua i Fīnao
*Let it be planted aground like the two 'ava that were planted together at Fīnao* [re : **tō 'ele'ele**]

912. To'ese a nu'u potopoto
 *To sink like allied villages* [re : **to'ese**]

913. Taliifiti le to'ilalo o le A'easisifo
 *The defeated party are waiting upon Taliifiti* [re : **to'ilalo**]

914. Nā 'o to'oau a tautai e tutū i tailoloto
 *Only the long anchor poles of the fishermen can stand during high tide* [re : **to'oau**]

915. 'O le to'oto'o sinasina
 *A white staff* [re : **to'oto'o sinasina**]

916. 'Ia mamau le to'ovae
 *May the anchor poles stand firm* [re : **to'ovae**]

917. 'Ua tōfā i vai, 'ae ala i 'ai
 *To go to sleep on a drink of water, but rises to eat* [re : **tōfā**]

918. 'Ua tōfafā i malae ma lalago mai i tiasā
 *To be asleep at the village green and offering support from their sacred tombs* [re : **tōfafā**]

919. E lē fai umu le isi tōga i le isi
 *A fine mat does not cook for another fine mat* [re : **tōga**]

920. 'Ua togi le tagāvai a le vaegā'au
 *The badge of the army has been put on* [re : **togi**]

921. Fa'a'ulu toli i le gaoā
 *To be like breadfruit plucked on stony ground* [re : **toli**]

922. 'O le lau o le fiso, o le lau o le tolo
 *A fiso leaf is a tolo leaf* [re : **tolo**]

923. E lele le toloa, 'ae ma'au i le vai
 *A toloa flies, but stretches out its neck looking for water* [re : **toloa**]

924. Fā'alia i le tolotolo Usu
*Usu was revealed at Usu Point* [re : **tolotolo**]

925. E leai sē na te tolovae le 'upega 'auā e loloto le tai
*No one can pull the net with his feet because the water is deep* [re : **tolovae**]

926. 'Ua 'o le tomai o Elo
*To be like the expertise of Elo* [re : **tomai**]

927. 'Ua tōmalie manū o le tai 'iā Lemalu
*Good fortune of the seas was bestowed to Lemalu* [re : **tōmalie**]

928. 'O le tala 'ave, o Tupa'ilelei, 'ae 'ua tonu 'iā Tupa'imatuna le tama'ita'i
*According to reports it was supposed to be Tupa'ilelei, but Tupa'imatuna was just right for the lady* [re : **tonu**]

929. 'Ua tonu mai 'iā Matuna
*The orders came from Matuna* [re : **tonu**]

930. 'Ua lē toso va'a, 'ae toso tala
*To engage in gossip, but did not even pull the canoe* [re : **toso tala**]

931. 'Ua se va'a tū matagi
*Like a ship that stands up to the wind* [re : **tū**]

932. 'Ua liua le tua ma le alo
*The smooth side and the rough side are turned over* [re : **tua**]

933. 'O tua o Vainafa 'inei
*We are at the back of Vainafa* [re : **tua**]

934. E tuai tuai, tā te mā'ona ai
*It has been a long wait, we shall have plenty to eat* [re : **tuai**]

935. Se'i tō le niu i le tuā'oi
**Plant a coconut tree at the boundary** [re : **tuā'oi**]

936. 'Ia iloa ou tuā'oi
**Know your limits** [re : **tuā'oi**]

937. 'Ua se'e tuāgalu lo'u va'a
**My boat has slipped into the back of the wave**
[re : **tuāgalu**]

938. 'Ia lafoia i le tuāgalu
**Cast it to the back of a wave** [re : **tuāgalu**]

939. 'Aua le va'ai tuālafo
**Do not look at fine mats** [re : **tuālafo**]

940. Pē se ā le mea 'ua e tali ai a'u i le tuālima?
**Why have I received a backhanded welcome?**
[re : **tuālima**]

941. 'Ua fa'alele le tuamafa
**The wise old pigeon has been released** [re : **tuamafa**]

942. Lāfoa'i i le tu'iā
**Throw it into the pigsty** [re : **tu'iā**]

943. 'O le malie ma le tu'u malie
**Each shark caught must be paid for** [re : **tu'u**]

944. 'Ua tu'u le ma'a, 'ae ma'a i ā'au
**The stone was put aside and a coral was taken instead**
[re : **tu'u**] OR

945. 'Ua tu'u le 'au, 'ae ma'a 'i ā'au
**To put aside what is essential and replace it with a piece of coral** [re : **tu'u**]

946. 'Ua tu'u le tai i Ā'ana
**The sea receded to Ā'ana** [re : **tu'u**]

947. 'O le toe tao 'ua tu'ua i le fā
*The only spear left in the target* [re : **tu'ua**]

948. E otagia fo'i le tu'u'u
*Even the tu'u'u fish can be eaten raw* [re : **tu'u'u**]

949. Fa'avai tu'uipu
*To be like water stored in a coconut shell* [re : **tu'uipu**]

950. Sā mātou tu'ulā'au mai nei
*We have rested on many trees on our way here*
[re : **tu'ulā'au**]

951. 'Ia gālulue fa'atasi le lavelau ma le tu'ulau
*The stitcher and the pole should work together*
[re : **tu'ulau**]

952. 'Ua tu'utu'u lima le vai o Li'ava'a
*The water of Li'ava'a is passed along by hand*
[re : **tu'utu'u lima**]

953. 'O le tā'elega tu'utu'u loloa nai le Vaisafe'e
*The never ending bathing at Vaisafe'e*
[re : **tu'utu'u loloa**]

954. E le'i o'o lava le tufa 'iā Tui
*Tui has not yet received his share* [re : **tufa**]

955. Sina e, 'ā iai ni ou alofa, lou tufa'aga ota fofoga
*Dear Sina, should you have love, your share is my face*
[re : **tufa'aga**]

956. E lē se fe'e na tū tula
*It is not like the octopus that remained idle in its habitat*
[re : **tula**]

957. Fa'asega tūlauniu
*To be like a sega bird that stands on a coconut leaf*
[re **tūlauniu**]

958. E tele ā tūlāgāvae
*Many footprints* [re : **tūlāgāvae**]

959. 'Ua se 'afa e tasi
*It is one rope* [re : **tulāvae**]

960. E logo le tuli ona tātā
*The knee feels the tapping* [re : **tuli**] OR

961. 'Ua lē se'i tātā tuli?
*Was his knee tapped?* [re : **tuli**]

962. 'Ua tūlia afega
*The people standing about the afega have been chased away* [re : **tūlia**]

963. E tino fa'atasi, 'ae tulialo 'ese'ese
*They are issued from one body but from different loins* [re : **tulialo**]

964. 'Ua tuliloa i le Vaifoa
*To be pursued to the Vaifoa* [re : **tuliloa**]

965. E tulimanava 'ese'ese 'ae tasi le tupu'aga
*One people, but of many minds* [re : **tulimanava 'ese'ese**]

966. 'Ua tulituliloa le magō e le melomelo
*The magō fish was pursued persistently by the melomelo fish* [re : **tulituliloa**] OR

967. 'Ā tulituliloa 'ua 'o le magō i Foa
*He that is pursued, is like the Magō of Foa* [re : **tulituliloa**]

968. E valavala a tūmanu
*To be wide apart as a spathe of the banana* [re : **tūmanu**]

969. Le alofa e tūmua, e tino i le Ma'atūlua
*Love comes first, manifested as the Ma'atūlua* [re : **tūmua**]

970. 'O le lupe tūmulifale
*To be like a pigeon sitting behind a hunter's hut* [re : **tūmulifale**]

971. 'Ua lē tūnoa faiva o Sāmea
*Sāmea went fishing for a reason* [re : **tūnoa**]

972. E ta'a le tupa, 'ae fai lona lua
*The tupa crab roams at large, but has a home* [re : **tupa**]

973. Na 'ītea i tūlāgāvae le tupua a To'ivā
*To'ivā's footprints gave his riddle away* [re : **tupua**]

974. 'Ua tusa tau'au
*Both shoulders are equal* [re : **tusa**]

975. 'Ia tutū foe o le savili
*Paddle hard to overcome the wind* [re : **tutū**]

976. 'O le tutulu a le aitu nai Āmoa
*The cry of a spirit at Āmoa* [re : **tutulu**]

977. 'Ua 'o ni ufi e tutupu i tino
*To be like yams that sprout from the body* [re : **tutupu**]

978. Vā i lupe maua
*The space between netted pigeons* [re : **vā**]

979. Vā i fale ve'a
*The space between ve'a hunting huts* [re : **vā**]

980. 'O le va'a seu atu seu mai
*A boat that comes and goes* [re : **va'a**]

981. 'O le va'a si'i vale la'u lāuga nei
*My speech is like a canoe that is launched without reason*
[re : **va'a si'i vale**]

982. Ia lafo i luga o va'a tele
*Throw it on the large boat* [re : **va'a tele**]

983. 'Ia 'ē vae o Vaeau
*May your legs be like those of Vaeau* [re : **vae**]

984. 'Ua vāea i ulu fatuga
*It is divided on top of the fatuga* [re : **vāea**]

985. 'Aua ne'i vaefanua vaifanua
*Let not our lands be taken away* [re : **vaefanua**]

986. Tau 'ina taulia i le vāega
*As long as he is counted in the troops* [re : **vāega**]

987. 'Ua 'ē vae la'a
*You have trespassed* [re : **vae la'a**]

988. 'Ua vaemanua le fa'amoemoe
*Our hopes are not fulfilled* [re : **vaemanua**]

989. 'Ua gase i vai le fia inu vai
*To die in the waters from thirst* [re : **vai**]

990. 'Ua 'ōmia 'ita i le vaiāgia
*I am squeezed in between the clefts of the reef* [re : **vaiāgia**]

991. 'Ia vā'ili titina
*To catch lice and crush them* [re : **vā'ili**]

992. Tafi le vāitī
*Remove the weeds between the tī plants* [re : **vāitī**]

993. 'O le vāivai o le fe'e
*The softness of the octopus* [re : **vāivai**]

994. 'O lupe sa vao 'ese'ese 'ae 'ua fuifui fa'atasi
*The pigeons that were at different places but are now gathered together* [re : **vao 'ese'ese**]

995. 'O lo'u toto o lo'o ta'oto i le vao talutalu, o lo'u tino 'ua se lulu e vālo'ia e manu
*My blood lies beneath the new growth of weeds and trees, my body is like an owl predicted by birds*
[re : **vao talutalu**]

996. 'O le vale mai 'Auala
*The mad man from 'Auala* [re : **vale**]

997. E le'i vale se tali
*The response was not in vain* [re : **vale**]

998. Valuvalusia a'a o le fau
*To scrape the roots of the fau tree* [re : **valuvalusia**]

999. 'Ua 'ī le manu 'ae logo i le vāteatea
*The bird has cried and is heard in the heavens*
[re : **vāteatea**]

1000. Tautuanā le vā tu'utu'unonofo
*Value your relationships* [re : **vā tu'utu'unonofo**]

1001. Na sau Sina 'ua vela Tinae
*Tinae was already burnt by the time Sina arrived*
[re : **vela**]

1002. 'Ua vela lana umu i lo tātou 'āiga
*He has served the family well* [re : **vela**]

1003. 'Ua vela le fala
*The mat is warm* [re : **vela**]

1004. Se'i o tātou velo 'aso i le 'au'au
*Let us attach the rafters to the ridge* [re : **velo**]

1005. 'Ua se vī e toli
*To be like plucked vī fruits* [re : **vī**]

1006. E lele lava le tulī ma vivi'i ia
*The tulī bird flies and praises itself* [re : **vivi'i**]

1007. 'Ua vivili fa'amanu o matagi
*To strive like birds against the wind* [re : **vivili**]

1008. Fa'ato'ā vivini le toa ina 'ua mālō
*A rooster will only crow when it conquers* [re : **vivini**]

'O le poto o le mea sili lea, 'ia maua le poto, o mea 'uma e te maua, 'ia maua mai ai le atamai {*Fa'ata'oto 4:7*}

**Wisdom is supreme, therefore get wisdom. Though it cost all you have, get understanding** {Proverbs 4:7

Made in the USA
Columbia, SC
17 September 2024